MARVEL

SPIDER-MAN

L'ENCYCLOPÉDIE DES PERSONNAGES

TEXTES DE
DANIEL WALLACE ET **MELANIE SCOTT**

INTRODUCTION

Spider-Man, alias le Tisseur, est l'un des plus grands super-héros de tous les temps. Il se bat désormais aux côtés de son partenaire, Miles Morales. Ensemble, ils ont protégé New York de nombreux super-vilains, tels que le Docteur Octopus, le Bouffon Vert, Venom ou encore les Sinister Six.
Découvre ses pires ennemis ainsi que ses plus fidèles alliés, comme les Avengers et les Quatre Fantastiques.

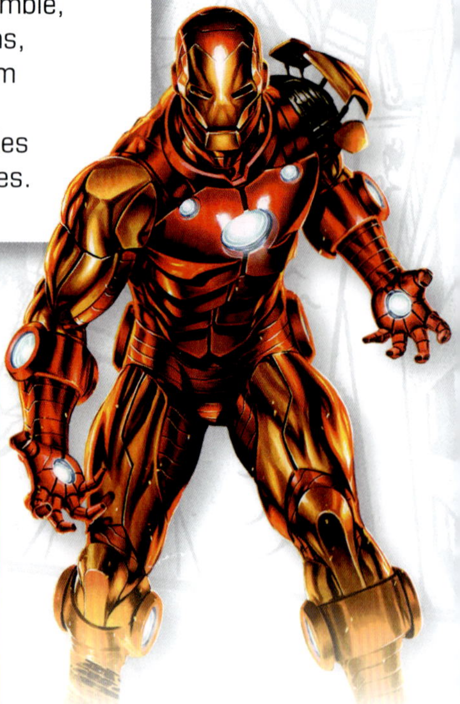

SOMMAIRE

Cet ouvrage contient plus de 200 personnages de l'univers de Spider-Man. Chaque page présente leurs caractéristiques principales. À l'exception de Peter Parker et de Miles Morales, qui sont présentés au début, les personnages suivants apparaissent dans l'ordre alphabétique de leur nom en anglais. Certains ont deux entrées, comme Norman Osborn, dont la personnalité humaine est tout aussi importante que celle de son alter ego, le Bouffon Vert. La liste ci-dessous te permettra de retrouver le héros ou le vilain de ton choix.

PETER PARKER

Devenir Spider-Man a causé bien des soucis à Peter Parker, mais il sait que ses pouvoirs lui permettent de protéger ses proches et les habitants de New York. Peter a travaillé comme photographe et correspondant scientifique pour le journal *Daily Bugle*. Il a également été chercheur à Horizon Labs et a même possédé sa propre entreprise, Parker Industries.

Peter ne s'attendait pas à ce qu'une morsure d'araignée radioactive modifie son ADN, mais il a su tirer profit de ses nouveaux dons.

Peter a souvent maudit ce qu'il appelle la « malchance des Parker » : s'il se produit quelque chose de positif dans sa vie, alors un événement négatif suivra. Souvent, ce phénomène est provoqué par la double vie qu'il mène.

Photographe, Peter porte des vêtements neutres qui n'attirent pas l'attention.

Bien que son identité soit, en théorie, secrète, de nombreux proches de Spider-Man savent qu'il est Peter Parker.

INTELLIGENT ET TRAVAILLEUR

Peter a toujours travaillé pour gagner sa vie. Pendant des années, il a aidé sa tante May grâce à ses revenus du *Daily Bugle*. Il a ensuite occupé un emploi d'ingénieur qui lui a permis de mettre de l'argent de côté. En revanche, il n'accepte aucun paiement pour ses missions de super-héros.

Spidey se balance au-dessus de New York, où il vit et exerce ses activités de super-héros.

SPIDER-MAN

Spider-Man n'était qu'un adolescent ordinaire quand il a obtenu des super-pouvoirs suite à la morsure d'une araignée. Il a alors découvert qu'un grand pouvoir implique de grandes responsabilités ! La mort de son oncle Ben l'a poussé à utiliser ses capacités pour protéger les autres.
Depuis, avec courage, le Tisseur lutte contre le crime dans sa ville.

HÉROS OU MENACE ?
Spider-Man est parfois incompris dans sa propre ville, en raison des articles négatifs de J. Jonah Jameson dans le *Daily Bugle*. Pourtant, il ne se laisse jamais décourager. Il est ami avec des super-héros, comme les Avengers ou les Quatre Fantastiques.

CARTE D'IDENTITÉ

VRAI NOM : Peter Benjamin Parker
PROFESSION : Super-héros ; photographe ; inventeur
BASE : New York
TAILLE : 1,78 m
POIDS : 61 kg
YEUX : Noisette
CHEVEUX : Bruns
ORIGINE : Mutant humain ; a acquis ses capacités grâce à la morsure d'une araignée radioactive.
POUVOIRS : Adhésion sur la plupart des surfaces, force, vitesse et réflexes. Son « sens d'araignée » l'avertit du danger, et ses lance-toiles projettent des fils renforcés.

FACULTÉS

PROJECTION D'ÉNERGIE	FORCE	RÉSISTANCE	APTITUDE AU COMBAT	INTELLIGENCE	RAPIDITÉ
1	4	3	4	4	3

MILES MORALES

Miles Morales est étudiant à l'Académie Brooklyn Visions, qui accueille des élèves surdoués. Il doit concilier ses devoirs avec les dangers de ses activités de super-héros. Miles a grandi à New York, sur la Terre-1610 ; mais après la destruction et la reconstruction du multivers, lui et ses proches ont été transplantés sur la Terre-616.

La naissance de la sœur de Miles, Billie, est un bonheur pour les Morales. Cependant, son lien avec son frère fait d'elle une cible potentielle pour les super-vilains.

Miles est originaire de Brooklyn, à New York. Même s'il a la réputation de ne jamais chercher à éviter les bagarres, il est d'abord et avant tout le protecteur de son quartier.

Miles peut compter sur le soutien de sa famille et de ses amis.

CHER JOURNAL
Confier ses pensées les plus intimes à son journal permet à Miles de mieux gérer la charge mentale liée à sa double vie. Au début, il ne s'agissait que d'un devoir donné par son professeur de littérature. Mais Miles s'est vite aperçu des bienfaits d'avoir un lieu sûr et secret où écrire tout ce qui le tracasse.

Miles possède une fibre artistique. Il aime écrire et dessiner pendant son temps libre.

En plus de ses pouvoirs d'araignée, Spider-Man peut générer des rafales bioélectriques. Il détient également un pouvoir qui le rend quasiment invisible.

SPIDER-MAN

Miles Morales, également mordu par une araignée, a repris le costume de Spider-Man quand, dans sa réalité, Peter Parker a été tué lors d'un combat. Miles a poursuivi sa carrière de héros quand son propre univers a été détruit. Il est devenu le protecteur de Brooklyn sur la Terre-616. Spider-Man combat aux côtés des Avengers, des Champions et de l'Ordre de la Toile.

CARTE D'IDENTITÉ

VRAI NOM : Miles Gonzalo Morales
PROFESSION : Étudiant ; justicier
BASE : Brooklyn, New York
TAILLE : 1,57 m
POIDS : 56,7 kg
YEUX : Marron
CHEVEUX : Noirs
ORIGINE : Mutant humain ; a acquis ses capacités après avoir été mordu par une araignée génétiquement modifiée.
POUVOIRS : Miles possède les facultés d'une araignée, comme celle de ramper sur les murs. Avec ses mains, il peut projeter des tirs bioélectriques, et il a le don du camouflage.

UN SURVIVANT

Miles est originaire de la Terre-1610, l'Univers Ultimate. Suite à la destruction de cette réalité, il s'est échappé vers Battleworld. Après avoir fait preuve de générosité envers l'Homme-Molécule, Miles a reçu de sa part un nouvel asile, sur la Terre-616. Là, il a pu se former aux côtés de Peter Parker, anéanti dans l'univers d'origine de Miles.

FACULTÉS

PROJECTION D'ÉNERGIE	FORCE	RÉSISTANCE	APTITUDE AU COMBAT	INTELLIGENCE	RAPIDITÉ
2	4	3	3	2	3

LES COSTUMES DE SPIDER-MAN

En plus de leurs principaux costumes de Spider-Man, Peter Parker et Miles Morales ont porté différentes tenues au cours de leurs carrières de super-héros. Certaines ne sont que des améliorations de leur costume, comme l'armure Iron Spider construite par Tony Stark ; d'autres sont choisies par hasard, comme le premier costume de Miles. Enfin, certaines ont même des origines extraterrestres !

LES COSTUMES DE PETER PARKER

1. **Spider-armure :** combinaison pare-balles en métal souple.
2. **Costume noir :** s'est révélé être un symbiote extraterrestre.
3. **Armure Iron Spider :** combinaison high-tech avec système de visée et quatre bras télescopiques.
4. **Costume furtif :** réfléchit la lumière et le son autour de son porteur.

4

3

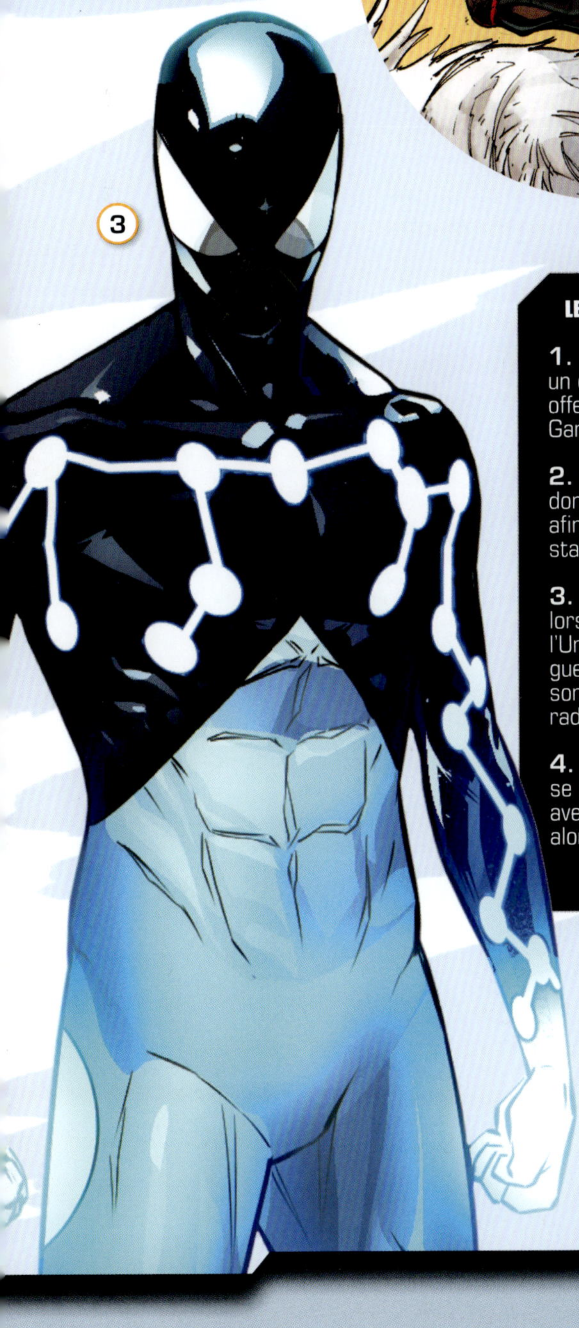

LES COSTUMES DE MILES MORALES

1. Le premier costume : un déguisement d'Halloween offert à Miles par son ami, Ganke Lee.

2. Costume Ultimate : donné à Miles par le S.H.I.E.L.D. afin de valider officiellement son statut de nouveau Spider-Man.

3. Captain Universe : lorsque Miles gagne l'Uni-Pouvoir lors de la seconde guerre contre les Héritiers, son costume change radicalement.

4. Shadow Spider : Miles se retrouve dans le *Weirdworld* avec les Champions et devient alors Shadow Spider.

1

2

LE SPIDER-VERSE

Au centre du multivers se trouve le Maître Tisseur chargé de protéger la Toile de la Vie et du Destin. Ses fils s'étendent et relient toute réalité existante. Seuls quelques êtres spéciaux ont le pouvoir de traverser ses brins et de changer le destin de leurs mondes : les totems araignée. Outre les mondes dans lesquels ils vivent, ils représentent le Spider-Verse.

LES TERRES ALTERNATIVES

Terre-616 : le Premier Univers, qui abrite de très nombreux totems araignée.

Terre-001 : le Monde du Tisseur, où se situe la Toile de la Vie et du Destin ; également la base des Héritiers.

Terre-13 : considérée comme une zone sûre pour des êtres aux pouvoirs d'araignée, protégés par un Spider-Man détenant les facultés d'un Captain Universe.

Terre-65 : Ghost-Spider (Gwen Stacy) vit dans cette réalité, dans laquelle est mort Peter Parker.

Terre-982 : Mayday Parker prend la relève de son père déchu, Peter Parker, pour devenir Spider-Woman et protéger son petit frère, Benjy.

Terre-1610 : planète d'origine de Miles Morales, détruite pendant les Invasions et non reconstituée.

Terre-8311 : une réalité ressemblant à un cartoon, peuplée d'animaux qui parlent, protégés par Spider-Cochon (Peter Porker).

Terre-90214 : une réalité en crise, où les crimes sont légion, dans laquelle Spider-Man Noir est l'un des rares super-héros à se trouver.

Le fait qu'il existe d'innombrables mondes protégés par des héros aux pouvoirs d'araignée est une révélation pour Spider-Man et ses alliés de la Terre-616.

L'ÉLU

Le Spider-Verse a beaucoup de secrets. Il en ressort qu'il existe des êtres-araignées particuliers, connectés à la Toile de la Vie et du Destin, appelée aussi l'Autre, l'Enfant et l'Épouse. On y trouve également une Brodeuse, qui possède le pouvoir de reconstituer la Toile si elle était détruite.

LES SPIDER-HÉROS

Pour chaque réalité, il semble y avoir un être aux pouvoirs d'araignée. Certains se ressemblent, tandis que d'autres sont très différents. Certains se nomment Peter Parker, mais, dans d'autres mondes, ce sont ses amis et sa famille qui ont suivi la voie du héros. Quels qu'ils soient, il existe souvent des événements fondamentaux ou des philosophies reliant les spider-héros : une tragédie familiale, par exemple, ou le dicton selon lequel un grand pouvoir entraîne de grandes responsabilités.

LES WEB-WARRIORS
La Spider-Armée est une alliance de plusieurs spider-héros issus de tout le multivers, unis pour lutter contre la menace des Héritiers. Après sa victoire, le groupe s'est dissous, mais un noyau de héros demeure pour veiller sur le Spider-Verse et la Toile de la Vie et du Destin.

L'infinie variété des multivers se reflète dans le nombre apparemment illimité de ses étranges et fabuleux héros aux pouvoirs d'araignée.

MEMBRES CLÉS

Billy Braddock de la Terre-833 : Spider-UK est le chef du Captain Britain Corps et plus tard des Web-Warriors. Après la destruction de sa réalité, il est resté sur la Terre-001 pour veiller sur les mondes qui ont perdu leurs spider-héros.

Anya Corazon de la Terre-616 : Anya a reçu ses pouvoirs de la mystérieuse Spider-Société. Elle est volontaire pour rester sur la Terre-001 afin de protéger le Spider-Verse.

Mayday Parker de la Terre-982 : fille de Peter Parker et de Mary Jane Watson, Mayday a hérité des pouvoirs de son père.

Gwen Stacy de la Terre-65 : un monde dans lequel Peter Parker est mort. Gwen a obtenu ses pouvoirs d'une morsure d'araignée et combat le crime sous le nom de Ghost-Spider.

Peter Parker de la Terre-90214 : créé dans un monde qui souffre encore de la Grande Dépression, Spider-Man Noir est un journaliste d'investigation et un justicier impitoyable.

Peter Porker de la Terre-8311 : Peter Porker était une araignée avant d'être mordu par un cochon radioactif. Il utilise ses pouvoirs pour protéger la Terre-8311.

A AARON DAVIS

Tombé dans la délinquance très jeune, Aaron Davis a rapidement découvert qu'il était doué pour le vol. Cambrioleur hors pair, il a été recruté comme voleur à gages et mercenaire. Il a été tué sur la Terre-1610 après un affrontement avec son propre neveu, Miles Morales, sous son identité de Spider-Man. Lorsque le multivers a été restauré, Aaron a bénéficié d'une seconde chance sur la Terre-616.

La relation d'Aaron avec son frère Jeff a souvent été difficile ; mais quand Jeff s'est aperçu qu'Aaron essayait de se racheter et de renouer avec sa famille, il l'a soutenu.

CARTE D'IDENTITÉ
VRAI NOM : Aaron Davis
PROFESSION : Mercenaire
BASE : Brooklyn, New York
TAILLE : 1,86 m
POIDS : 88 kg
YEUX : Marron
CHEVEUX : Noirs
ORIGINE : Humain, issu de la réalité parallèle de la Terre-1610.
POUVOIRS : Aaron n'a pas de super-pouvoirs ; cependant, il utilise des équipements perfectionnés pour renforcer ses capacités. C'est un voleur redoutable et un virtuose des arts martiaux.

Bien qu'athlétique, Aaron n'a pas de pouvoirs, ni de costume sophistiqué.

Miles Morales est toujours le bienvenu chez son oncle.

SON PASSÉ DE CRIMINEL
Au sommet de sa carrière de voleur, Aaron a réussi à acquérir du matériel de haute technologie qu'il a exploité dans ses activités illégales. Il a utilisé les costumes de l'Iron Spider et du Rôdeur, mais il veut désormais laisser le passé derrière lui et devenir une meilleure personne.

FACULTÉS

PROJECTION D'ÉNERGIE	FORCE	RÉSISTANCE	APTITUDE AU COMBAT	INTELLIGENCE	RAPIDITÉ
1	2	1	4	2	1

ANASTASIA KRAVINOFF

Spider-Man a compris qu'Ana Kravinoff était une ennemie redoutable quand elle a utilisé sa seule force pour faire exploser la toile d'araignée qui la retenait.

Comme son père, Kraven le Chasseur, Ana Kravinoff a des capacités améliorées, obtenues grâce à un mélange de sérums. Bien que son père ait été peu présent durant son enfance, Ana a appris la chasse en lisant le journal paternel et en l'utilisant comme manuel de formation. Traqueuse chevronnée, elle est très habile au corps-à-corps ou avec des armes.

COMPORTEMENT INHUMAIN
Ana est déçue d'apprendre qu'elle a des origines non humaines du côté de sa mère. Par conséquent, elle s'imagine ne pas être assez noble pour porter le nom de Kravinoff. Cependant, elle finit par accepter son héritage et les pouvoirs qu'il lui offre.

Ana utilise de nombreuses armes mortelles, dont une variété de lames ainsi que des armes de lancer, comme des bolas.

Elle est experte en Krav Maga, un art martial avancé qui combine les techniques les plus efficaces issues d'autres disciplines.

CARTE D'IDENTITÉ

VRAI NOM : Anastasia « Ana » Kravinoff
PROFESSION : Chasseresse
BASE : Mobile
TAILLE : 1,63 m
POIDS : 54 kg
YEUX : Bleus
CHEVEUX : Blonds
ORIGINE : Fille de Kraven le Chasseur, formée pour l'imiter en tous points. Ana tire sa haine de Spider-Man de son père.
POUVOIRS : Ana a une force et une vitesse extraordinaires, améliorées grâce à la prise d'élixirs magiques. Elle est aussi une traqueuse redoutable et une championne dans le combat au corps-à-corps.

FACULTÉS

PROJECTION D'ÉNERGIE	FORCE	RÉSISTANCE	APTITUDE AU COMBAT	INTELLIGENCE	RAPIDITÉ
1	4	3	5	3	3

A ANNA MARIA MARCONI

Anna Maria Marconi était étudiante à l'Empire State University lorsqu'elle a accepté de donner des cours particuliers à Peter Parker. Elle ne s'est pas rendu compte, à ce moment-là, que le corps de Peter était parasité par le Docteur Octopus. C'est Otto Octavius qui a décelé les capacités d'Anna Maria et l'a engagée chez Parker Industries. Quand Peter est redevenu lui-même, il l'a gardée à ses côtés, car il sait qu'elle est digne de confiance.

Anna Maria est une scientifique, qui utilise ses connaissances en chimie et en physique pour perfectionner ses créations culinaires. La cuisine lui sert également de thérapie.

CARTE D'IDENTITÉ
VRAI NOM : Anna Maria Marconi
PROFESSION : Scientifique
BASE : New York
TAILLE : 1,19 m
POIDS : 36 kg
YEUX : Marron
CHEVEUX : Bruns
ORIGINE : Humaine ; étudiante à l'Empire State University et employée de Parker Industries.
POUVOIRS : Anna Maria possède une intelligence de génie.

Anna Maria Marconi est une employée essentielle de Parker Industries.

Le Chacal a voulu lui cloner un corps « sans défaut » mais cette dernière a refusé, rétorquant que le sien était déjà parfait tel qu'il était.

UNE ERREUR
Lorsqu'il était parasité par le Docteur Octopus, Peter Parker a entretenu une relation amoureuse avec Anna. Cette dernière a été anéantie quand elle a découvert que l'homme était en réalité un super-vilain. Le Docteur Octopus, sincèrement amoureux d'Anna, la considère comme une des rares personnes intellectuellement dignes de son respect.

FACULTÉS

PROJECTION D'ÉNERGIE	FORCE	RÉSISTANCE	APTITUDE AU COMBAT	INTELLIGENCE	RAPIDITÉ
1	1	1	1	4	1

Les intentions d'Anti-Venom peuvent être louables, mais son apparence est effrayante et les gens sont terrifiés par les symbiotes extraterrestres comme lui.

ANTI-VENOM

A

Quand Eddie Brock a extrait le symbiote extraterrestre Venom de son corps, il en est resté de minuscules traces. Ces vestiges, mutés par les pouvoirs de guérison de Mister Negative, se sont liés avec les globules blancs d'Eddie pour créer Anti-Venom. Malgré leur long passé d'ennemis, Eddie s'est alors allié avec Spider-Man.

GUÉRIR ET AIDER
Eddie Brock s'est surpassé pour réparer les crimes qu'il a commis en tant que Venom. Les pouvoirs de guérison d'Anti-Venom ont sauvé les New-Yorkais le jour où ils ont tous soudainement acquis des pouvoirs d'araignée, plongeant la ville dans le chaos.

CARTE D'IDENTITÉ

VRAI NOM : Inexistant
PROFESSION : Justicier ; anti-héros
BASE : Mobile
TAILLE : Variable
POIDS : Variable
YEUX : Orange
CHEVEUX : Aucun
ORIGINE : Symbiote mutant ; Martin Li, alias Mister Negative, a fusionné les résidus du symbiote avec les globules blancs d'Eddie afin de créer un nouveau symbiote : Anti-Venom.
POUVOIRS : Anti-Venom a une force, une résistance et une endurance surhumaines, ainsi que des capacités de guérison. Il peut ramper sur les murs et transformer des parties de lui en toiles ou en tentacules.

FACULTÉS

PROJECTION D'ÉNERGIE	FORCE	RÉSISTANCE	APTITUDE AU COMBAT	INTELLIGENCE	RAPIDITÉ
1	4	6	4	3	2

A AUNT MAY PARKER (TANTE MAY)

La tante de Peter Parker est comme une mère pour lui. Lorsque son mari, Ben, a été tué par un cambrioleur, May a élevé Peter seule, alors qu'il commençait sa vie secrète de super-héros. Si May est une personne dévouée, aimant cuisiner son délicieux pain de viande pour les repas de famille, elle est aussi très coriace, peut-être en raison de ses nombreux face-à-face avec les super-vilains.

Après le décès de son époux, May s'est remariée avec Jay Jameson, le père de Jonah J. Jameson du *Daily Bugle*. Malheureusement, May s'est vite retrouvée de nouveau veuve.

CARTE D'IDENTITÉ

VRAI NOM : Maybelle Parker-Jameson
PROFESSION : Retraitée
BASE : New York
TAILLE : 1,65 m
POIDS : 49,9 kg
YEUX : Bleus
CHEVEUX : Gris
ORIGINE : Humaine
POUVOIRS : Tante May ne sait pas se battre et n'a pas de super-pouvoirs, mais elle est intelligente, débrouillarde et sait cerner les gens.

CHANGEMENTS DE VIE
Tante May est une femme au foyer pragmatique. Après avoir perdu ses parents et son oncle Ben, Peter a noué une relation privilégiée avec elle, car elle lui offre un semblant de stabilité et de normalité dans son existence chaotique.

FACULTÉS

PROJECTION D'ÉNERGIE	FORCE	RÉSISTANCE	APTITUDE AU COMBAT	INTELLIGENCE	RAPIDITÉ
1	1	1	1	2	1

AVENGERS

Au cri d'« Avengers, rassemblement ! », la plus grande équipe de super-héros du monde entre en action ! Les Avengers affrontent ensemble les super-vilains qui sont trop dangereux pour être vaincus par un seul héros. Peter Parker et Miles Morales n'ont pas tardé à rejoindre leurs rangs. Parker a même financé le groupe lorsqu'il est devenu un riche P.-D.G.

MEMBRES CLÉS

1. Captain America : possède un bouclier indestructible.

2. Wolverine : a des griffes en adamantium et un pouvoir de guérison.

3. Hulk : jouit d'une force et d'une résistance incroyables.

4. Le Faucon : vole à des centaines de km/h grâce à ses ailes.

5. Black Widow : lance des éclairs électrostatiques avec ses bracelets.

6. Thor : manie Mjölnir, le mythique marteau d'Asgard.

7. Solar : absorbe l'énergie solaire pour augmenter sa force et peut voler.

8. Iron Man : porte une armure de combat blindée.

RECRUTEMENT
Au début de leur histoire, les Avengers ont essayé de recruter Spider-Man. Lors du test d'initiation, ils ont demandé à Spidey de capturer Hulk ! À l'époque, le jeune justicier a refusé de les rejoindre, mais cela ne l'a pas empêché de les aider au fil des années.

Les Avengers excellent au combat et en stratégie.

B BEETLE (LE SCARABÉE) ABNER JENKINS

Ingénieur surdoué, Abner Jenkins s'est construit une armure volante, qui lui a permis de devenir un super-vilain appelé le Scarabée. Il a affronté Spider-Man à plusieurs reprises avant d'infiltrer l'équipe des Thunderbolts et de se faire passer pour un héros. À cette occasion, il a découvert qu'il préférait le camp du bien ! Abner a alors pris la nouvelle identité de MACH-1, laissant à d'autres le rôle du Scarabée.

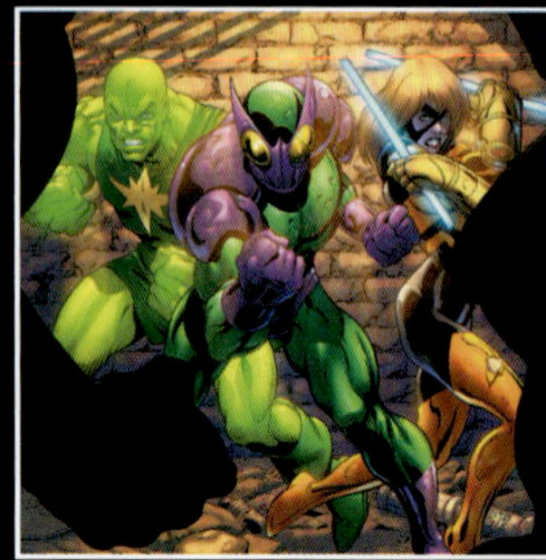

Le Scarabée améliore constamment son costume pour combattre au mieux ses ennemis les plus redoutables.

CARTE D'IDENTITÉ

VRAI NOM : Abner Ronald « Abe » Jenkins
PROFESSION : Aventurier
BASE : New York
TAILLE : 1,80 m
POIDS : 61 kg
YEUX : Marron
CHEVEUX : Bruns
ORIGINE : Humain
POUVOIRS : Son armure de combat donne au Scarabée les pouvoirs d'un avion de chasse. Il dispose d'un arsenal d'armes lui conférant force surhumaine et résistance. Son harnais ailé et motorisé lui permet de voler.

L'armure du Scarabée contient une technologie dérobée à Stark Industries.

Cette armure légère est aussi pare-balles.

EN PLEIN VOL
Avant de commencer sa carrière criminelle, Abner a travaillé comme ingénieur en aéronautique. La combinaison qu'il a conçue pour devenir le Scarabée lui offre la possibilité de voler en cercle autour de héros comme Spider-Man.

FACULTÉS

PROJECTION D'ÉNERGIE	FORCE	RÉSISTANCE	APTITUDE AU COMBAT	INTELLIGENCE	RAPIDITÉ
6	4	6	4	4	5

Janice a entamé une relation amoureuse avec Randy. Ce dernier est le fils de Robbie Robertson, l'ennemi de son père.

BEETLE (LE SCARABÉE) JANICE LINCOLN

Fille du célèbre gangster Tombstone, Janice Lincoln a grandi dans un environnement corrompu. Son père souhaitait qu'elle devienne une avocate véreuse, mais Janice a préféré rejoindre le monde dangereux des super-vilains. Elle est devenue le Scarabée en acceptant une mission pour le Baron Zemo.

L'armure du Scarabée a été créée par le Fixer à partir des schémas du Baron Zemo.

Cette « armure intelligente » est souple mais résistante et équipée de mini-canons.

SOLIDARITÉ FÉMININE
Janice aimerait que les femmes accèdent à l'égalité des droits dans une industrie du crime encore dominée par les hommes. Elle a créé le Syndicat, un groupe de super-vilaines, afin de réduire les inégalités de rémunération et de valoriser la contribution des femmes au domaine du mal.

CARTE D'IDENTITÉ

VRAI NOM : Janice Lincoln
PROFESSION : Mercenaire
BASE : New York
TAILLE : 1,70 m
POIDS : 61 kg
YEUX : Marron
CHEVEUX : Noirs
ORIGINE : Humaine
POUVOIRS : Grâce à son armure du Scarabée, Janice a amélioré sa résistance. Elle peut voler, ramper sur les murs et projeter des rayons répulseurs.

FACULTÉS

PROJECTION D'ÉNERGIE	FORCE	RÉSISTANCE	APTITUDE AU COMBAT	INTELLIGENCE	RAPIDITÉ
4	3	4	3	3	3

B BEN REILLY

Créé par le Chacal (Miles Warren) afin d'être le clone parfait de Peter Parker, il a même été persuadé d'être le vrai Peter Parker pendant un temps. Quand il a découvert la vérité, il a préféré quitter New York. Il a alors choisi de s'appeler Ben Reilly, Ben comme l'oncle de Peter et Reilly comme le nom de jeune fille de Tante May, pour se souvenir d'un passé qu'il croyait le sien. Il a ensuite combattu le crime sous les identités de Scarlet Spider et de Spidey.

En tant que nouveau Chacal, Ben veut utiliser le clonage pour mettre fin à la mort. Il a choisi un masque inspiré par le dieu égyptien de la vie et de la mort, Anubis.

CARTE D'IDENTITÉ
VRAI NOM : Benjamin Reilly
PROFESSION : Super-héros
BASE : New York
TAILLE : 1,78 m
POIDS : 75 kg
YEUX : Noisette
CHEVEUX : Bruns
ORIGINE : Clone de Peter Parker, créé par le Chacal (Miles Warren).
POUVOIRS : Ben a ceux de Peter Parker : force, vitesse, endurance, agilité, réflexes, capacité de ramper sur les murs et « sens d'araignée ».

Parfois, la peau de Ben montre des signes de la dégénérescence qui affecte les clones.

En tant que clone, Ben ne déclenche pas le sens d'araignée du vrai Peter Parker.

VIE ET MORT
La mort en personne a révélé à Ben qu'il est mort plus souvent que quiconque dans l'univers. En effet, il a été assassiné et ressuscité des dizaines de fois par le Chacal, qui essayait de créer un clone sans défaut. Ces multiples traumatismes et ses doutes sur son identité ont eu un effet très néfaste sur son cerveau.

FACULTÉS

PROJECTION D'ÉNERGIE	FORCE	RÉSISTANCE	APTITUDE AU COMBAT	INTELLIGENCE	RAPIDITÉ
1	4	3	4	4	3

BETTY BRANT

Son histoire avec Spider-Man a souvent mis Betty en danger. Cependant, être confrontée aux super-vilains l'a également rendue plus forte.

Assistante du rédacteur en chef du *Daily Bugle*, J. Jonah Jameson, Betty Brant a passé beaucoup de temps avec Peter Parker. Cette proximité a engendré une brève idylle, jusqu'à ce que Betty ait découvert que Peter lui préférait Liz Allen. Devenue par la suite journaliste d'investigation, elle est restée l'une des amies les plus proches de Peter.

Betty possède une mémoire photographique, très utile pour une journaliste d'investigation.

Le frère de Betty n'est autre qu'un vilain : le Maître du Crime.

OUBLIER LE PASSÉ
Après Peter, Betty a fréquenté le journaliste Ned Leeds, qu'elle a fini par épouser. Mais leur mariage a pris fin quand Ned a été assassiné, car certains criminels croyaient à tort que Ned était le mystérieux Super-Bouffon. Betty s'est alors plongée dans le travail et est devenue une journaliste d'investigation respectée.

CARTE D'IDENTITÉ

VRAI NOM : Elizabeth « Betty » Brant
PROFESSION : assistante du rédacteur en chef puis journaliste
BASE : New York
TAILLE : 1,70 m
POIDS : 56,6 kg
YEUX : Marron
CHEVEUX : Bruns
ORIGINE : Humaine
POUVOIRS : Betty est une excellente journaliste, l'une des meilleures du *Daily Bugle*. Elle pratique aussi divers arts martiaux.

FACULTÉS

PROJECTION D'ÉNERGIE	FORCE	RÉSISTANCE	APTITUDE AU COMBAT	INTELLIGENCE	RAPIDITÉ
1	2	2	3	2	2

B BLACK CAT (LA CHATTE NOIRE)

La Chatte Noire était une redoutable cambrioleuse professionnelle. Suite à sa liaison avec Spider-Man, elle a changé de camp. Ses talents d'acrobate ont fait d'elle une recrue précieuse pour les super-héros. Elle est l'une des rares à connaître la véritable identité du Tisseur. Ce dernier lui fait totalement confiance.

Malgré leurs liens, Spider-Man et la Chatte Noire se sont souvent affrontés.

CARTE D'IDENTITÉ
VRAI NOM : Felicia Sarah Hardy
PROFESSION : Aventurière ; cambrioleuse
BASE : New York
TAILLE : 1,78 m
POIDS : 54,4 kg
YEUX : Verts
CHEVEUX : Blond platine
ORIGINE : Mutante humaine ; son don pour attirer la poisse sur ses ennemis vient de radiations et d'injections.
POUVOIRS : La Chatte Noire a plusieurs dispositifs dans son costume qui augmentent sa force, sa vitesse et son agilité. Ses gants cachent des griffes rétractables. Elle est aussi une athlète de niveau olympique et une experte en arts martiaux. Sa présence a un impact sur la chance des gens autour d'elle.

La Chatte Noire apprécie les bonnes choses : sa boisson préférée est le champagne.

Le costume de la Chatte Noire contient divers dispositifs d'écoute.

PORTE-MALHEUR
La Chatte Noire possède la capacité de manipuler le champ de probabilité dans son environnement immédiat, ce qui peut provoquer la malchance de celles et ceux qui l'entourent. À force de s'entraîner, elle est parvenue à maîtriser complètement ce pouvoir.

FACULTÉS

PROJECTION D'ÉNERGIE	FORCE	RÉSISTANCE	APTITUDE AU COMBAT	INTELLIGENCE	RAPIDITÉ
3	4	2	3	2	3

Black Widow mobilise toute son intelligence et ses talents de combattante lorsqu'elle fait équipe avec Spider-Man (Peter Parker) et Silver Sable pour combattre les Sinister Six.

BLACK WIDOW

Natasha était une espionne soviétique d'élite, entraînée pour intégrer l'élite des meilleurs agents secrets au monde. Ses formateurs l'ont façonnée dès l'enfance afin qu'elle devienne une véritable arme au service de leur cause. Toutefois, Natasha a réussi à se libérer de leur conditionnement. Devenue Black Widow, elle est une alliée précieuse pour Peter Parker et Miles Morales.

Natasha porte des gants équipés de la « Morsure de Veuve », une arme à électrochocs très puissante.

Black Widow est revenue d'entre les morts grâce au clonage.

SACRIFICE ULTIME

Suite à la prédiction disant que Spider-Man (Miles Morales) tuerait Captain America, Black Widow a fait tout son possible pour éviter que cette annonce ne se produise. Finalement, l'héroïne a choisi de se sacrifier pour préserver le futur de Spider-Man.

CARTE D'IDENTITÉ

VRAI NOM : Natalia « Natasha » Romanoff
PROFESSION : Espionne
BASE : Mobile **TAILLE :** 1,70 m
POIDS : 59 kg **YEUX :** Bleus
CHEVEUX : Auburn
ORIGINE : Mutante humaine ; elle a reçu le sérum de super-soldat et a été entraînée dans la Chambre Rouge afin de devenir espionne pour la Russie communiste. Elle a fini par déserter pour rejoindre l'Ouest.
POUVOIRS : Black Widow a une résistance surhumaine et bénéficie d'un vieillissement ralenti. Elle possède un corps taillé pour le combat. Elle est aussi une tueuse de sang-froid, une gymnaste experte et une acrobate.

FACULTÉS

PROJECTION D'ÉNERGIE	FORCE	RÉSISTANCE	APTITUDE AU COMBAT	INTELLIGENCE	RAPIDITÉ
3	3	3	6	3	2

B BOOMERANG

Excellent lanceur au baseball, Fred Myers a utilisé son talent pour devenir un tueur à gages connu sous le nom de Boomerang. Engagé par le Caïd, il a tenté d'assassiner Spider-Man. Plus tard, il a rejoint le Sinistre Syndicat pour combattre le super-héros. Mais, quand Boomerang est devenu le colocataire de Peter Parker, et qu'il a commencé, en parallèle, à collaborer avec Spider-Man, il a découvert qu'il s'entendait très bien avec son ancien ennemi.

Boomerang a protégé Spider-Man du vampire Morlun et s'est sacrifié pour sauver la vie de son ami.

CARTE D'IDENTITÉ

VRAI NOM : Frederick « Fred » Myers
PROFESSION : Aventurier ; justicier ; ancien tueur à gages
BASE : New York
TAILLE : 1,80 m
POIDS : 79,38 kg
YEUX : Marron
CHEVEUX : Bruns
ORIGINE : Humain
POUVOIRS : Fred utilise différents boomerangs qui contiennent des explosifs ou du gaz. Certains ont des bords tranchants comme des rasoirs.

Les armes de Boomerang lui reviennent toujours, mais il conserve des pièces supplémentaires sur lui par précaution.

Son agilité compense son manque de super-pouvoirs.

MERCENAIRE
Recruté à l'origine par une société secrète, Boomerang a ensuite poursuivi une carrière criminelle à son propre compte. Grâce à son habileté et à ses armes précises, le tueur à gages n'a jamais eu de difficulté à trouver des clients.

FACULTÉS

PROJECTION D'ÉNERGIE	FORCE	RÉSISTANCE	APTITUDE AU COMBAT	INTELLIGENCE	RAPIDITÉ
6	2	5	4	3	3

Dans chaque groupe des Avengers, y compris celui auquel Spider-Man appartient, Captain America représente le cœur et l'âme du groupe.

CAPTAIN AMERICA

En tant que Captain America, Steve Rogers est une légende vivante. Pendant la Seconde Guerre mondiale, on lui a injecté un sérum spécial qui l'a transformé en un soldat surhumain. Devenu Captain America, il a combattu le super-vilain nazi Crâne Rouge. Après être resté congelé durant des décennies, il est devenu un des membres fondateurs des Avengers.

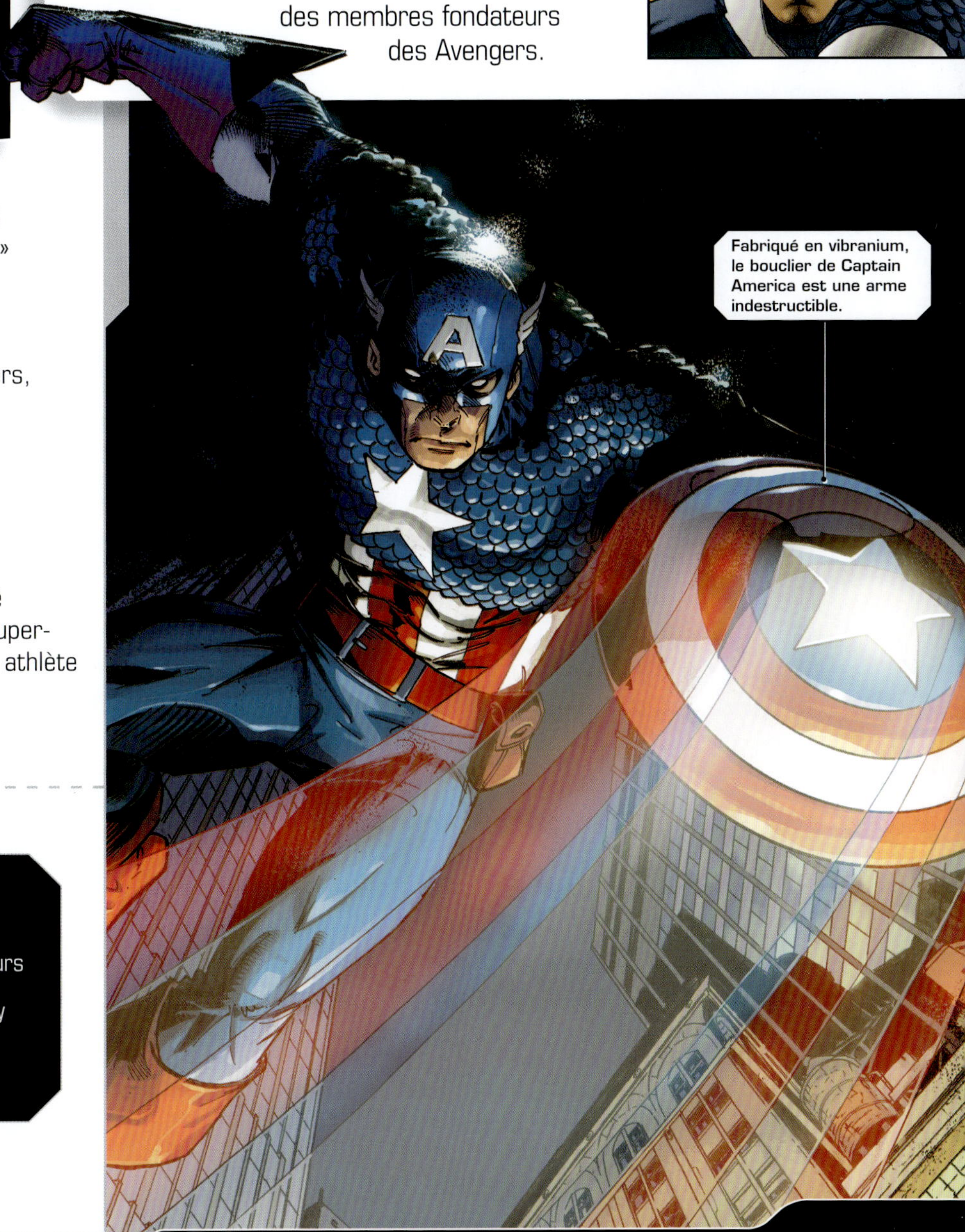

Fabriqué en vibranium, le bouclier de Captain America est une arme indestructible.

CARTE D'IDENTITÉ

VRAI NOM : Steven « Steve » Rogers
PROFESSION : Aventurier ; ancien soldat
BASE : Montagne des Avengers, pôle Nord
TAILLE : 1,88 m
POIDS : 108,86 kg
YEUX : Bleus
CHEVEUX : Blonds
ORIGINE : Mutant humain
POUVOIRS : Son corps a été perfectionné par le sérum de super-soldat. Captain America est un athlète expert en stratégie militaire et un maître en arts martiaux.

CAP ET SPIDEY
Captain America possède des décennies d'expérience en tant que héros. Il a exprimé à plusieurs reprises son admiration pour le jeune Spider-Man. Cap et Spidey ont servi ensemble au sein des Avengers et se sont associés pour vaincre la Reine.

FACULTÉS

PROJECTION D'ÉNERGIE	FORCE	RÉSISTANCE	APTITUDE AU COMBAT	INTELLIGENCE	RAPIDITÉ
1	3	3	6	3	2

C CAPTAIN MARVEL

Carol Danvers est une héroïne exceptionnelle, aux talents multiples. Ancienne espionne, pilote de l'Air Force, employée à la NASA, journaliste, elle est également en partie Kree, un peuple extraterrestre guerrier. Quand ses pouvoirs Kree se sont libérés suite à un accident, Carol est devenue une puissante super-héroïne. Elle prend d'abord le nom de Miss Marvel en hommage à son mentor Mar-Vell, puis devient plus tard Captain Marvel.

Carol Danvers vise l'excellence dans tout ce qu'elle entreprend. Lorsqu'elle découvre que la magie n'est pas son point fort, elle se lance dans l'étude des sortilèges.

CARTE D'IDENTITÉ

VRAI NOM : Carol Danvers
PROFESSION : Super-héroïne
BASE : Montagne des Avengers
TAILLE : 1,80 m **POIDS :** 75 kg
YEUX : Bleus
CHEVEUX : Blonds
ORIGINE : Hybride humaine/extraterrestre ; née d'une mère humaine et d'un père Kree, Carol a des pouvoirs qui s'éveillent quand elle est projetée dans une machine construite par des scientifiques Kree.
POUVOIRS : Elle possède des aptitudes surhumaines : robustesse, force, endurance, agilité et vitesse ; elle peut générer de fortes explosions d'énergie et voler.

Carol a porté de nombreux costumes au fil des ans, mais le plus emblématique est celui de Captain Marvel, une combinaison rouge et bleue, qui évoque la tenue qu'elle portait en tant que Miss Marvel.

L'un des pouvoirs les plus importants de Captain Marvel est sa capacité à absorber l'énergie pour l'utiliser ensuite dans des tirs puissants.

CONTRE IRON MAN
Captain Marvel s'est opposée à Iron Man sur la question de l'utilisation du pouvoir d'Ulysse Cain, qui a des visions du futur. Lorsque Cain a prédit que Spider-Man (Miles Morales) tuerait Captain America, Captain Marvel a demandé que Miles soit emprisonné à titre préventif, pour déjouer ce crime à venir.

FACULTÉS

PROJECTION D'ÉNERGIE	FORCE	RÉSISTANCE	APTITUDE AU COMBAT	INTELLIGENCE	RAPIDITÉ
6	5	6	4	3	5

Spider-Man ne tue pas les criminels. C'est pourquoi il essaie d'arrêter les justiciers qui, tel Cardiac, ne partagent pas son éthique.

CARDIAC

C

Dr Elias Wirtham est devenu le justicier Cardiac suite au décès de son frère, emporté par une grave maladie. Après avoir transformé son corps grâce à la chirurgie cybernétique, Cardiac a entrepris de punir les responsables de la mort de son frère. Même s'il se considère comme un héros, Cardiac se retrouve souvent à affronter Spider-Man, qui s'oppose à sa quête impitoyable de vengeance.

CARTE D'IDENTITÉ

VRAI NOM : Elias « Eli » Wirtham
PROFESSION : Aventurier ; justicier ; médecin ; chirurgien
BASE : Hôpital privé de la Bénédiction, New York
TAILLE : 1,96 m
POIDS : 138,08 kg
YEUX : Marron **CHEVEUX :** Noirs
ORIGINE : Cyborg humain
POUVOIRS : Cardiac a des pouvoirs surhumains : force, vitesse, résistance. Sa peau arrête les balles et son cœur est alimenté par un réacteur à particules bêta. Il manie un bâton qui projette ces mêmes particules.

GUERRE D'IDÉAUX
Au cours de sa quête de vengeance, Cardiac s'est autant confronté aux héros qu'aux vilains. Il a ainsi convaincu le Docteur Octopus, alors usurpateur de l'identité de Spider-Man, d'effectuer une chirurgie réparatrice sur une jeune fille souffrant de lésions cérébrales. Ainsi, elle a eu la vie sauve.

FACULTÉS

PROJECTION D'ÉNERGIE	FORCE	RÉSISTANCE	APTITUDE AU COMBAT	INTELLIGENCE	RAPIDITÉ
3	4	4	3	6	2

CARLIE COOPER

Médecin légiste de la police de New York, Carlie Cooper est l'amie d'enfance de Lily Hollister (alias Menace) et l'ex-petite amie de Peter Parker. Quand Spider-Man a été accusé de meurtre, Carlie a utilisé ses compétences pour le disculper. Elle a également été la première à se rendre compte que le Docteur Octopus parasitait le corps de Peter Parker en tant que Spider-Man supérieur.

Peter et Carlie sont sortis ensemble, mais elle s'est sentie trahie après avoir découvert qu'il était Spider-Man.

CARTE D'IDENTITÉ
VRAI NOM : Carlie Ellen Cooper
PROFESSION : Médecin légiste ; ancienne criminelle
BASE : New York
TAILLE : 1,73 m
POIDS : 60,78 kg
YEUX : Bleus
CHEVEUX : Bruns
ORIGINE : Humaine, améliorée par la formule du Bouffon.
POUVOIRS : Aucun super-pouvoir, mais Carlie est une technicienne de la police scientifique, douée pour la biologie et la technologie.

En dehors du service, Carlie appartient à un cercle d'amis très soudé.

Après avoir été forcée de prendre du sérum du Bouffon, Carlie s'est transformée, mais a pu être guérie.

Carlie connaît tout de la technologie de Spider-Man, y compris des lance-toiles et des traceurs d'araignée.

POLICIÈRE INTRANSIGEANTE
Carlie est une alliée fiable de Peter. Pour se détendre, elle pratique le roller derby en équipe. Ses talents de déduction sont tels qu'elle a réussi à deviner le secret de Peter, alias Spider-Man, ce qui les a temporairement éloignés.

FACULTÉS

PROJECTION D'ÉNERGIE	FORCE	RÉSISTANCE	APTITUDE AU COMBAT	INTELLIGENCE	RAPIDITÉ
1	2	2	2	4	2

CARNAGE

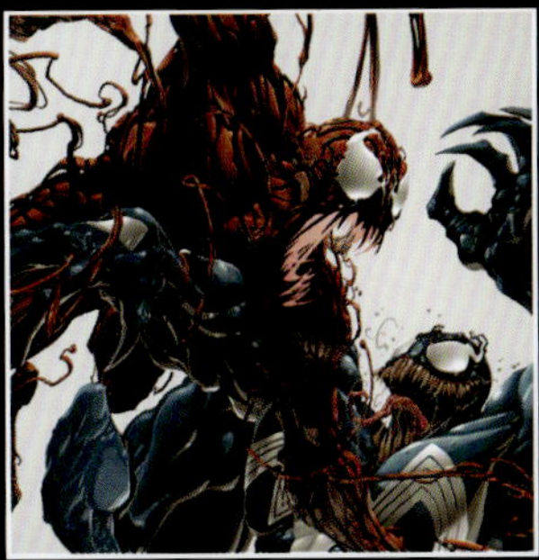

Carnage utilise les vrilles tranchantes de son corps comme armes pour neutraliser ses ennemis.

Carnage, symbiote extraterrestre de couleur pourpre, a choisi de parasiter le meurtrier Cletus Kasady, créant ainsi un super-vilain monstrueux et cruel si puissant que Spider-Man a besoin de l'aide d'autres héros pour le vaincre. Le symbiote s'est lié ensuite avec d'autres hôtes, mais il revient toujours à Cletus pour poursuivre ses horribles destructions.

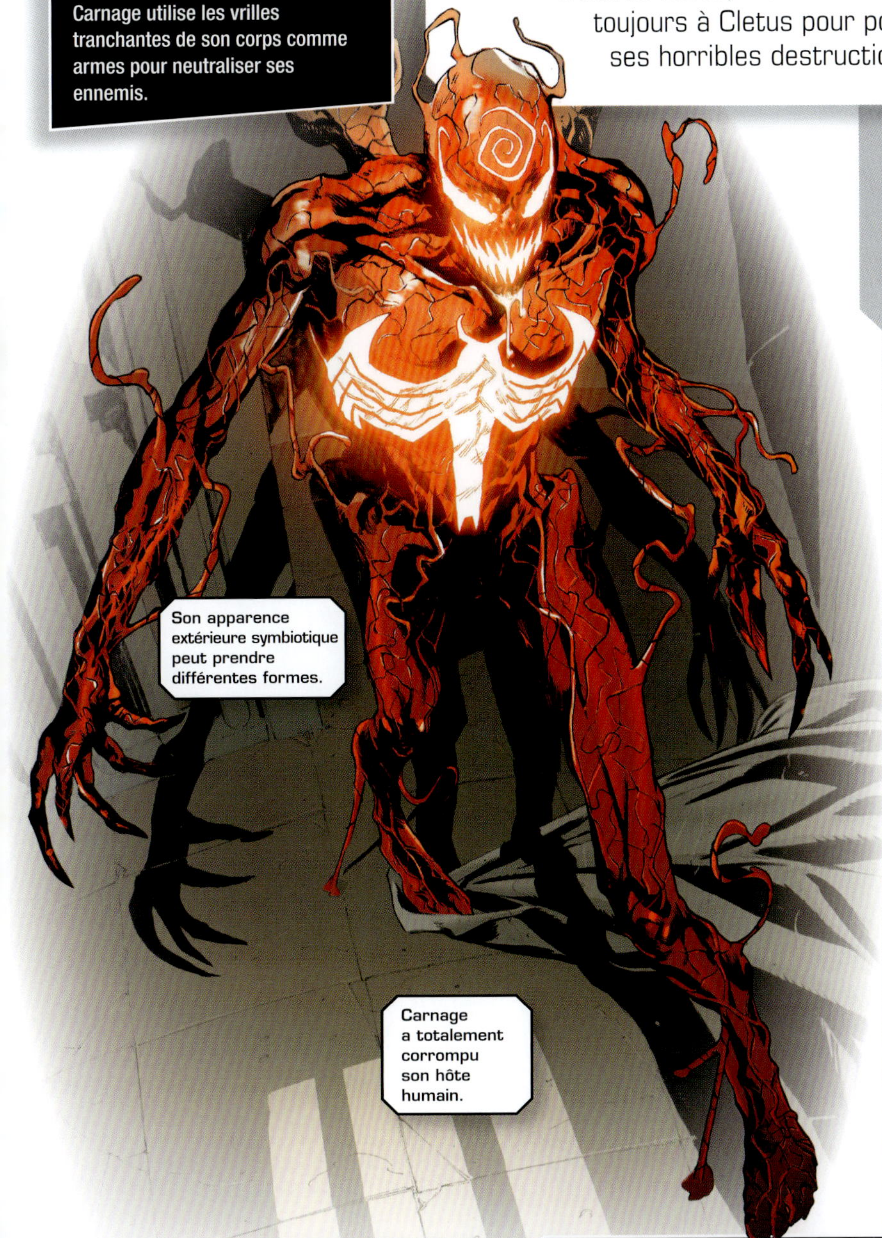

Son apparence extérieure symbiotique peut prendre différentes formes.

Carnage a totalement corrompu son hôte humain.

SANS RELÂCHE
Carnage est le plus dangereux de tous les symbiotes extraterrestres. Il n'a aucune considération pour la vie humaine. C'est pourquoi il a choisi un implacable tueur en guise d'hôte. Il est plus fort que Venom (son symbiote « parent ») et Spider-Man combinés. Il n'aspire qu'au chaos, à la destruction et au meurtre.

CARTE D'IDENTITÉ

VRAI NOM : Cletus Kortland Kasady
PROFESSION : Apôtre de Knull
BASE : Symbiote Hive Mind
TAILLE : 1,85 m
POIDS : 86,18 kg
YEUX : Verts (après fusion avec le symbiote)
CHEVEUX : Rouges (après fusion avec le symbiote)
ORIGINE : Humain lié à un symbiote extraterrestre.
POUVOIRS : Carnage possède force, vitesse et résistance. Il peut faire apparaître des lassos et des lames tranchantes. De plus, il a la faculté de neutraliser le sens d'araignée de Spider-Man.

FACULTÉS

PROJECTION D'ÉNERGIE	FORCE	RÉSISTANCE	APTITUDE AU COMBAT	INTELLIGENCE	RAPIDITÉ
4	5	5	2	2	3

CARRION

Le premier Carrion était un clone du professeur Miles Warren, alias le Chacal. Transformée par un virus génétique en monstre à la peau pâle, cette version de Carrion a péri en essayant de tuer Spider-Man. Plus tard, l'ami étudiant de Peter Parker, Malcolm McBride, a été victime du même virus. Devenu le nouveau Carrion, il s'est allié à Carnage, à Shriek et au Super-Bouffon, pour semer le chaos dans New York.

Spider-Man doit être vigilant en luttant avec Carrion, car son toucher mortel pourrait signer la fin du super-héros !

CARTE D'IDENTITÉ
VRAI NOM : Malcolm McBride
PROFESSION : Étudiant diplômé en sciences de l'Empire State University
BASE : New York
TAILLE : 1,78 m
POIDS : 79,38 kg
YEUX : Jaunes
CHEVEUX : Blancs
ORIGINE : Mutant humain ; contaminé par le virus Carrion.
POUVOIRS : Le toucher de Carrion peut désintégrer la matière organique. Il possède les pouvoirs de téléportation, lévitation et télépathie. Il a aussi une résistance et une force surhumaines.

EFFETS DU VIRUS
Les capacités de Carrion, y compris son toucher létal, semblent être d'origine surnaturelle. Mais, comme pour la plupart des ennemis de Spider-Man, elles ont été créées par la science, dans un laboratoire.

FACULTÉS

PROJECTION D'ÉNERGIE	FORCE	RÉSISTANCE	APTITUDE AU COMBAT	INTELLIGENCE	RAPIDITÉ
2	4	4	2	5	2

CHAMELEON (LE CAMÉLÉON)

Un coup de poing bien asséné peut interrompre la concentration du Caméléon.

Le Russe Dmitri Smerdyakov, alias le Caméléon, peut copier n'importe quelle apparence à la perfection. Il a utilisé ses talents pour devenir un espion soviétique. Lorsque Spider-Man a déjoué ses plans, il s'est reconverti en tueur à gages. Le Caméléon est le cerveau derrière les plus grands combats de Spider-Man.

Ses gadgets lui permettent de projeter des vêtements holographiques.

Un sérum expérimental a rendu son corps complètement malléable.

LIENS FAMILIAUX
Le Caméléon est apparenté à la famille Kravinoff, bien qu'il n'ait aucune sympathie pour Kraven le Chasseur ou les autres membres de son clan. Néanmoins, il a aidé la femme de Kraven, Sasha Kravinoff, à organiser une opération visant à exterminer Spider-Man et ses amis.

CARTE D'IDENTITÉ

VRAI NOM : Dmitri Nikolayevich « Anatoly » Smerdyakov
PROFESSION : Criminel professionnel
BASE : Mobile
TAILLE : Variable
POIDS : Variable
YEUX : Variables
CHEVEUX : Variables
ORIGINE : Mutant humain ; l'épiderme et la pigmentation de sa peau ont été altérés par un sérum.
POUVOIRS : La peau du Caméléon lui permet de prendre l'apparence de n'importe qui. Il est aussi un maître du déguisement, de l'espionnage, des explosifs, et un tireur d'élite. Sa ceinture-ordinateur lui permet de modifier instantanément l'apparence de ses vêtements.

FACULTÉS

PROJECTION D'ÉNERGIE	FORCE	RÉSISTANCE	APTITUDE AU COMBAT	INTELLIGENCE	RAPIDITÉ
1	2	2	2	3	2

CHANCE

Lassé de sa vie de joueur professionnel, Nicholas Powell est devenu le mercenaire Chance. Au lieu de facturer des frais, il parie sur son succès et paie son employeur en cas d'échec. Il a appris à ses dépens qu'essayer de tuer Spider-Man est un pari hasardeux !

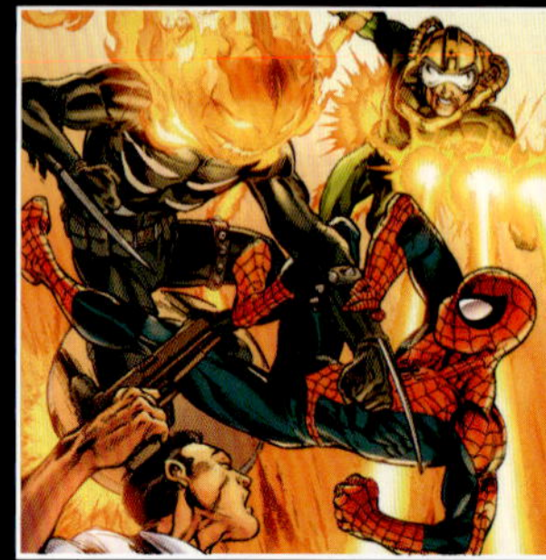

Même si Chance est prêt à aider avec des héros comme Spider-Man, il ne pense d'abord qu'à son propre intérêt.

CARTE D'IDENTITÉ

VRAI NOM : Nicholas Powell
PROFESSION : Mercenaire ; assassin
BASE : Le Palace, un penthouse à New York
TAILLE : 1,80 m
POIDS : 77,11 kg
YEUX : Marron
CHEVEUX : Noirs
ORIGINE : Humain
POUVOIRS : L'armure de Chance a des blasters de poignet et des réacteurs de cheville pour voler, ainsi que divers autres armes et gadgets.

PARTENAIRES DE JEU
En fonction des missions, Chance fait parfois équipe avec Spider-Man pour capturer des ennemis dangereux. Ce dernier est reconnaissant de l'aide que lui apporte Chance, mais il ne le considère pas comme un véritable justicier.

FACULTÉS

PROJECTION D'ÉNERGIE	FORCE	RÉSISTANCE	APTITUDE AU COMBAT	INTELLIGENCE	RAPIDITÉ
4	2	2	4	3	4

CHAMPIONS

Les Champions sont une équipe de jeunes super-héros. Ils se sont séparés des Avengers plus expérimentés, car ils en avaient assez des conflits qui éclataient parfois au sein du groupe. Les Champions veulent aider les gens ordinaires et faire régner le bien, sans être empêchés de mener leurs missions à cause de divergences entre super-héros.

MEMBRES CLÉS

1. Miss Marvel (Kamala Khan) : leader du groupe, Miss Marvel peut allonger ou rétrécir son corps et prendre n'importe quelle forme.

2. Spider-Man (Miles Morales) : les pouvoirs uniques de Spider-Man en font un membre essentiel des Champions.

3. Ironheart (Riri Williams) : Ironheart apporte ses compétences de technicienne et d'ingénieure d'élite pour renforcer la composition de l'équipe.

4. Nova (Sam Alexander) : avec ses incroyables pouvoirs tirés de la Force Nova, Sam est un autre des membres fondateurs de l'équipe avec Spider-Man et Miss Marvel.

5. Viv Vision : la synthézoïde Viv peut traverser la matière solide, voler, absorber et manipuler l'énergie solaire.

Pour leurs missions, les Champions se déplacent avec leur propre vaisseau.

CHAMPIONS DU MONDE

Sous l'impulsion de Miss Marvel, les Champions ont élargi leur recrutement pour être présents partout dans le monde et lutter simultanément contre de multiples menaces. Cependant, la croissance de l'équipe a été brusquement stoppée lorsqu'une loi a interdit l'activité des super-héros de moins de 21 ans.

C CLOAK AND DAGGER (LA CAPE ET L'ÉPÉE)

La Cape et l'Épée se sont rencontrés alors qu'ils avaient tous les deux fugué. Ils ont fait alliance pour se protéger des dangers des rues de New York. Après avoir été enlevés, ils ont subi l'injection d'un remède expérimental qui leur a donné des pouvoirs. Depuis, ils utilisent leurs facultés pour rendre New York plus sûre. La Cape et l'Épée sont toujours prêts à aider Spidey.

Les deux héros sont en couple et se protègent mutuellement dans les moments difficiles.

CARTE D'IDENTITÉ (LA CAPE)
VRAI NOM : Tyrone Johnson
PROFESSION : Justicier
BASE : Hong Kong, Chine
TAILLE : 1,75 m
POIDS : 70,31 kg
YEUX : Bruns **CHEVEUX :** Noirs
ORIGINE : Mutant humain
POUVOIRS : Le corps de la Cape est un portail vers une autre dimension. Il peut se téléporter et téléporter les autres partout dans le monde.

CARTE D'IDENTITÉ (L'ÉPÉE)
VRAI NOM : Tandy Bowen
PROFESSION : Justicière
BASE : Hong Kong, Chine
TAILLE : 1,65 m
POIDS : 52,16 kg
YEUX : Bleus **CHEVEUX :** Blonds
ORIGINE : Mutante humaine
POUVOIRS : L'Épée peut lancer des armes de lumière pure.

La Cape peut se téléporter et téléporter les autres sous forme de fumée noire.

L'Épée utilise la télékinésie pour contrôler ses lames de lumière et les diriger sur ses cibles.

ÉQUIPIERS POUR TOUJOURS
La Cape et l'Épée ont fait équipe avec Spider-Man pour arrêter Carnage et son équipe de vilains. À cette occasion, il semblerait que Shriek, l'alliée de Carnage, ait tué l'Épée, au grand désespoir de la Cape ; mais l'Épée est revenue, encore plus puissante qu'avant.

FACULTÉS

PROJECTION D'ÉNERGIE	FORCE	RÉSISTANCE	APTITUDE AU COMBAT	INTELLIGENCE	RAPIDITÉ
5	6	3	4	2	3

L'équipement spécial de Coldheart a été conçu pour accroître ses capacités naturelles.

COLDHEART

L'agente du gouvernement Coldheart est devenue une criminelle suite au décès de son fils. Armée de deux épées capables de congeler, elle veut se venger de Spider-Man et du Super-Bouffon, qu'elle tient pour responsables de cette tragédie. Emprisonnée, elle s'est évadée, puis cachée à Stamford, Connecticut, où elle s'est retrouvée au centre des événements qui ont déclenché la première guerre civile entre super-héros.

CARTE D'IDENTITÉ

VRAI NOM : Kateri Deseronto
PROFESSION : Criminelle ; ancienne agente du gouvernement
BASE : New York
TAILLE : 1,78 m
POIDS : 63,5 kg
YEUX : Bleus
CHEVEUX : Noirs
ORIGINE : Humaine
POUVOIRS : Les épées cryoniques de Coldheart ont le pouvoir de congeler ou de paralyser ceux qu'elle affronte, en projetant une énergie glaciale. Elle est experte en arts martiaux et une épéiste chevronnée.

Coldheart porte habituellement une armure dans ses combats, mais elle peut se battre sans.

UNE RENCONTRE ÉMOUVANTE
La formation de Coldheart comme agente spéciale l'a rendue capable de vaincre Spider-Man. Heureusement pour le héros, elle s'est ravisée lorsqu'elle a rencontré ce jeune garçon qui lui a rappelé son fils. Émue, elle ne lui a fait aucun mal.

La rapidité de Coldheart avec ses lames est un défi pour Spidey.

FACULTÉS

PROJECTION D'ÉNERGIE	FORCE	RÉSISTANCE	APTITUDE AU COMBAT	INTELLIGENCE	RAPIDITÉ
3	2	5	5	2	2

D DAILY BUGLE

Le *Daily Bugle* a publié pendant des années des articles virulents contre Spider-Man, sur ordre du rédacteur en chef, J. Jonah Jameson, alors même que Peter Parker y travaillait comme photographe ! Ce journal new-yorkais a connu de nombreux propriétaires et des changements de contenu au fil des années. Un temps, il a même été un journal à sensation sous le titre *The DB*. Mais il est redevenu le *Daily Bugle* sous la direction avisée de Robbie Robertson.

MEMBRES CLÉS

Joe « Robbie » Robertson : journaliste et rédacteur en chef confirmé.

Norah Winters : journaliste d'investigation intègre.

Frederick Foswell : journaliste ayant vécu une double vie sous les traits de Big Man.

Ben Urich : journaliste implacable qui combat la corruption.

Phil Urich : est devenu le nouveau Super-Bouffon.

Même si Spidey n'apprécie pas les articles négatifs publiés à son sujet, il a toujours été un lecteur du *Daily Bugle*.

REPRISE EN MAIN

Quand le riche baron des médias, Dexter Bennett, a acheté le journal, il l'a nommé *The DB*, et en a fait un journal à potins sur les célébrités. Rapidement, sa réputation a décliné, jusqu'à ce que Robbie Robertson, le nouveau rédacteur en chef, lui redonne ses lettres de noblesse. Le journal redevient alors un outil d'information mondialement connu.

DAREDEVIL

D

Suite à un accident chimique, Matt Murdoch a perdu la vue. Cependant, ses autres sens se sont développés à des niveaux surhumains, donnant naissance à Daredevil, l'homme sans peur ! Son père, boxeur, lui a appris à se battre. Matt a également étudié le droit. Il exerce le métier d'avocat pour défendre les victimes.

La véritable identité de Daredevil est un secret bien gardé, car peu de gens sont au courant que le justicier est aveugle.

Les signes distinctifs de Daredevil sont le masque cornu et l'insigne « DD ».

Sa désormais célèbre tenue rouge a remplacé le costume jaune qu'il portait au début.

VIGIE DES TOITS
Daredevil est le protecteur de Hell's Kitchen, un quartier situé à l'ouest de Manhattan. Il croise fréquemment Spider-Man au cours de leurs patrouilles nocturnes, et ils font souvent équipe.

CARTE D'IDENTITÉ

VRAI NOM : Matthew Michael « Matt » Murdoch

PROFESSION : Aventurier ; justicier ; avocat

BASE : Hell's Kitchen, New York

TAILLE : 1,80 m

POIDS : 83,91 kg

YEUX : Bleus

CHEVEUX : Roux

ORIGINE : Mutant humain ; exposé à un produit chimique mutagène dans un accident de circulation.

POUVOIRS : Daredevil a des sens surhumains. Il peut détecter les mensonges, est un enquêteur habile, un expert en traque et un virtuose des arts martiaux. Sa canne se transforme en bâton de combat et en grappin pour franchir les toits.

FACULTÉS

PROJECTION D'ÉNERGIE	FORCE	RÉSISTANCE	APTITUDE AU COMBAT	INTELLIGENCE	RAPIDITÉ
4	3	2	5	3	2

D DARK AVENGERS

Norman Osborn s'est servi de son influence politique pour créer une nouvelle équipe d'Avengers, placée sous son contrôle. Se faisant appeler Iron Patriot, Osborn a recruté Sentry et d'autres vilains, dont certains se sont fait passer pour Miss Marvel, Wolverine et Spider-Man. Ensemble, ils sont les Dark Avengers.

LA CHUTE D'OSBORN
Norman Osborn a changé la formation de ses Dark Avengers au fil du temps. Il a utilisé son équipe pour attaquer le peuple de Thor pendant le siège d'Asgard. Suite à leur défaite, Osborn a été arrêté et l'équipe originale des Dark Avengers, dissoute.

MEMBRES CLÉS

1. Iron Patriot : Osborn porte une combinaison de combat armée et blindée, capable de voler.

2. Ares : dieu de la guerre, Ares est fabuleusement fort et l'un des meilleurs combattants existants.

3. Bullseye (imite Hawkeye) : peut lancer ou tirer n'importe quel projectile avec une précision parfaite.

4. Opale (imite Miss Marvel) : peut voler, traverser les objets, et tirer des explosions de photons.

5. Daken (imite Wolverine) : a le pouvoir mutant de guérison et des griffes rétractables en métal.

6. Sentry : détient des capacités de force illimitée, de vitesse et de contrôle moléculaire.

7. Noh-Varr : guerrier Kree, doté d'une force et d'une agilité surhumaines. Peut vivre sans air, nourriture ou repos.

8. Venom (imite Spider-Man) : bénéficie d'une résistance et d'une robustesse accrues, ainsi que du talent de tirer des toiles et d'escalader les murs.

Contrairement à son homonyme héroïque, l'équipe Avengers d'Osborn est composée de criminels endurcis, de vilains instables et de mercenaires impitoyables.

La nouvelle Demagoblin a entamé une relation amoureuse infernale avec Carnage.

DEMOGOBLIN (LE BOUFFON NOIR)

Quand le Super-Bouffon a échangé son âme contre un pouvoir accru, un démon s'est lié à lui. Ses capacités surnaturelles l'ont aidé à vaincre Spider-Man et Moon Knight, mais le démon a fini par se séparer de son hôte. Ainsi est né le Bouffon Noir ! Après la mort de son premier avatar, il est introduit par Carnage dans le corps de Shriek (Frances Barrison). Elle s'est alors renommée « Demagoblin » pour refléter son identité féminine.

L'agilité, la force et l'endurance du Bouffon Noir sont supérieures à celles des plus grands athlètes humains.

CHÂTIMENT DÉMONIAQUE
Sans hôte humain pour le guider, le Bouffon Noir mène sa mission infernale sur Terre : la guerre contre les pécheurs. À ses yeux, presque tout le monde est coupable. Toutefois, il s'est sacrifié pour sauver un enfant innocent d'un tas de décombres qui s'effondrait.

CARTE D'IDENTITÉ

VRAI NOM : Inconnu
PROFESSION : Rédempteur démoniaque ; fanatique
BASE : New York
TAILLE : 1,85 m **POIDS :** 95,25 kg
YEUX : Rouges
CHEVEUX : Aucun
ORIGINE : Démoniaque
POUVOIRS : La puissance magique du Bouffon Noir est générée par des équipements similaires à ceux du Bouffon Vert et du Super-Bouffon. Il peut déclencher des explosions de chaleur avec ses mains. En combat rapproché, il utilise ses griffes et ses dents acérées.

FACULTÉS

PROJECTION D'ÉNERGIE	FORCE	RÉSISTANCE	APTITUDE AU COMBAT	INTELLIGENCE	RAPIDITÉ
6	4	4	3	2	3

D DOCTOR DOOM (DOCTEUR FATALIS)

Le chef suprême de la Latvérie, le Docteur Fatalis, rêve derrière son masque de fer de conquérir le monde. Il reproche à Red Richards des Quatre Fantastiques l'accident qui l'a défiguré ; il utilise son intelligence de génie pour se venger de lui et de ses alliés, dont Spider-Man. Bien que le Tisseur soit souvent surpassé physiquement par Fatalis, il est assez intelligent pour manipuler l'ego surdimensionné du super-vilain.

Docteur Fatalis respecte ses ennemis. Il considère Spider-Man comme un de ses plus dignes adversaires, bien qu'il soit agacé par son humour.

CARTE D'IDENTITÉ

VRAI NOM :
Victor Werner von Fatalis
PROFESSION : Aventurier ; scientifique ; sorcier ; souverain de la Latvérie
BASE : Latvérie **TAILLE :** 1,88 m
POIDS : 102,06 kg
YEUX : Marron
CHEVEUX : Aucun (anciennement bruns)
ORIGINE : Humain
POUVOIRS : Fatalis est à la fois un génie scientifique et un sorcier. Il peut transférer sa conscience dans un autre individu. Sa tenue de combat contient des armes perfectionnées et augmente ses capacités physiques.

L'armure de Fatalis est en titane. Il utilise l'énergie nucléaire pour alimenter son armement.

FATALIS VS SPIDEY
Dans l'une des premières aventures de Spider-Man, le Docteur Fatalis a tenté de tromper le justicier en le poussant à renverser les Quatre Fantastiques. Son plan ayant échoué, Fatalis a alors essayé de détruire Spider-Man à la place. À la suite d'un quiproquo, Fatalis a manqué de tuer le camarade d'études de Peter, Flash Thompson.

FACULTÉS

PROJECTION D'ÉNERGIE	FORCE	RÉSISTANCE	APTITUDE AU COMBAT	INTELLIGENCE	RAPIDITÉ
6	4	6	4	6	5

DOCTOR OCTOPUS (DOCTEUR OCTOPUS)

Ses tentacules mécaniques donnent au Docteur Octopus la mobilité et la force qui lui manqueraient autrement.

Avec ses quatre bras cybernétiques et son esprit brillant, Otto Octavius, surnommé Doc Ock, mérite son titre d'ennemi juré de Spider-Man. Le vilain a eu affaire à Spidey à de nombreuses occasions, depuis la création des Sinister Six jusqu'à sa tentative de séduire Tante May. Il a même pris le contrôle du corps de Peter Parker et a vécu comme Spider-Man.

REPARTIR À ZÉRO
Quand Octavius a réalisé qu'il allait bientôt mourir, il a transféré son esprit dans le corps de Peter Parker et est devenu Spider-Man supérieur ! Heureusement, les souvenirs de Peter lui ont montré comment devenir un héros.

CARTE D'IDENTITÉ

VRAI NOM : Otto Gunther Octavius
PROFESSION : Génie du crime
BASE : Mobile
TAILLE : 1,75 m
POIDS : 111,13 kg
YEUX : Marron
CHEVEUX : Bruns
ORIGINE : Mutant humain ; mutation causée par un accident dans un labo où était développée une technologie expérimentale.
POUVOIRS : Génie scientifique, Docteur Octopus contrôle ses quatre tentacules électriques. Ils sont équipés de pinces puissantes et peuvent fonctionner indépendamment.

FACULTÉS

PROJECTION D'ÉNERGIE	FORCE	RÉSISTANCE	APTITUDE AU COMBAT	INTELLIGENCE	RAPIDITÉ
1	5	2	4	5	3

D DOCTOR STRANGE

Stephen Strange a perdu sa capacité à exercer la chirurgie après un accident de voiture. Il a alors étudié les arts mystiques pour devenir Sorcier Suprême de la Terre. Doctor Strange s'est associé à Spider-Man pour vaincre le Baron Mordo. Peter fait souvent appel à lui lorsqu'il a besoin de conseils. Strange l'a également aidé à vaincre l'entité maléfique de l'Âme Sœur. Pour cela, il a marchandé l'âme de Harry Osborn avec le démon Méphisto, le maître de l'Âme Sœur.

Spider-Man a besoin de Doctor Strange quand il doit pénétrer dans le royaume de la magie et de la sorcellerie.

CARTE D'IDENTITÉ

VRAI NOM : Stephen Vincent Strange
PROFESSION : Sorcier Suprême
BASE : Sanctum Sanctorum, 177A Bleeker Street, New York
TAILLE : 1,88 m
POIDS : 81,65 kg
YEUX : Gris
CHEVEUX : Noirs avec des mèches blanches
ORIGINE : Sorcier humain
POUVOIRS : Étant le plus grand magicien sur Terre, Doctor Strange peut projeter son corps sur le plan astral et communiquer par télépathie. Sa cape de lévitation lui permet de voler.

Doctor Strange peut voler en utilisant la cape de lévitation, donnée par l'Ancien.

La ceinture autour de sa taille est ensorcelée et peut multiplier par dix sa longueur.

EXPERT EN ÉSOTÉRISME
Même lorsqu'il n'est pas chez lui, Doctor Strange est heureux d'apparaître sous forme d'esprit pour répondre aux questions de Peter Parker. Malgré son immense talent en matière de sorcellerie, Strange est le premier à admettre que la magie aussi a ses limites.

FACULTÉS

PROJECTION D'ÉNERGIE	FORCE	RÉSISTANCE	APTITUDE AU COMBAT	INTELLIGENCE	RAPIDITÉ
6	2	3	6	4	2

Doppelganger a participé au complot de Carnage pour s'emparer d'une petite ville américaine, Doverton, dans le Colorado. La créature a réussi à échapper à l'explosion destinée à anéantir les symbiotes de Carnage.

DOPPELGANGER

Doppelganger est l'une des nombreuses versions tordues des héros de la Terre créées par le puissant Magus. Inspiré de Spider-Man, plus fort encore et doté de quatre membres supplémentaires, il a été le seul de son espèce à survivre à la Guerre de l'Infini. Mortel, d'une intelligence très faible, Doppelganger est le puissant serviteur d'êtres maléfiques comme Carnage, Knull et Demagoblin.

Doppelganger a seulement trois doigts au bout de chaque membre.

La toile du Doppelganger est tranchante comme un rasoir et peut couper celle de Spider-Man.

CHÈRE MAMAN
Doppelganger a brièvement trouvé un substitut de figure maternelle en Shriek, « l'épouse » de Carnage. Lorsque le symbiote a attaqué cette dernière, Doppelganger l'a défendue, mais Carnage l'a jeté d'un toit, le laissant pour mort. Cependant, la créature a réapparu et a tenté, en vain, d'extraire Shriek d'une voiture blindée.

CARTE D'IDENTITÉ

VRAI NOM : Aucun
PROFESSION : Prédateur
BASE : Mobile **TAILLE :** 1,96 m
POIDS : 104 kg
YEUX : Blancs
CHEVEUX : Aucun
ORIGINE : Issu d'une « fractale » au cœur de la Dimension des Manifestations. Il a été façonné pour être une redoutable copie du Spider-Man de la Terre-616.
POUVOIRS : Doppelganger détient super-force, vitesse, agilité, robustesse, endurance et réflexes. Il peut tirer des toiles tranchantes comme des rasoirs. Il possède des crocs, des serres et quatre bras supplémentaires.

FACULTÉS

PROJECTION D'ÉNERGIE	FORCE	RÉSISTANCE	APTITUDE AU COMBAT	INTELLIGENCE	RAPIDITÉ
1	5	5	3	1	4

E ELECTRO MAXWELL DILLON

Alors qu'il installait une ligne à haute tension, Maxwell Dillon a reçu, par accident, le pouvoir de contrôler l'électricité. Il s'est alors tourné vers le crime sous l'identité d'Electro. Il a été l'un des premiers adversaires de Spider-Man. Il fait également partie des fondateurs des Sinister Six. Depuis, il est resté l'un des ennemis les plus récurrents de Spidey. Après avoir été tué par la nouvelle Electro (Francine Frye), elle-même clonée après sa mort accidentelle, Dillon est ressuscité par le Docteur Octopus.

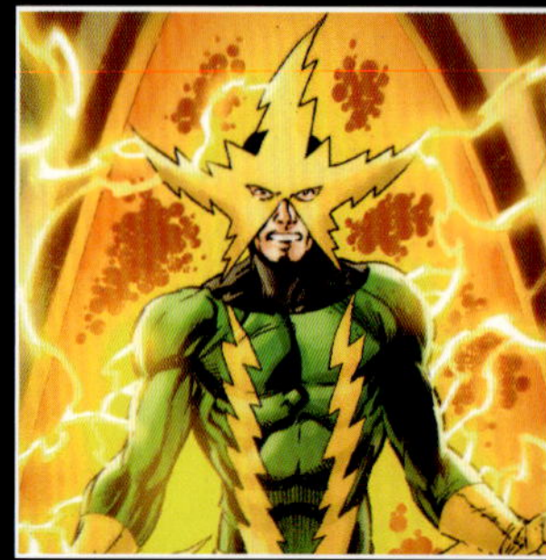

Si la super-force de Spidey lui confère une certaine résistance aux blessures, le héros n'a aucune défense face aux attaques d'Electro.

CARTE D'IDENTITÉ

VRAI NOM : Maxwell « Max » Dillon
PROFESSION : Criminel professionnel ; ancien poseur de lignes électriques
BASE : New York
TAILLE : 1,80 m
POIDS : 74,84 kg **YEUX :** Bleus
CHEVEUX : Auburn (parfois aucun)
ORIGINE : Humain mutant ; a été frappé par la foudre en installant une ligne électrique.
POUVOIRS : Electro peut façonner des fouets d'électricité. Il peut aussi tirer des décharges électriques, se déplacer le long des lignes à haute tension et contrôler les machines électroniques.

À BLOC
Au fil du temps, les pouvoirs d'Electro ont augmenté. Il est à présent capable de neutraliser le réseau électrique de New York. Il accroît ses pouvoirs en puisant l'énergie des équipements électriques, mais il court le risque d'être court-circuité par l'eau.

FACULTÉS

PROJECTION D'ÉNERGIE	FORCE	RÉSISTANCE	APTITUDE AU COMBAT	INTELLIGENCE	RAPIDITÉ
5	2	3	2	2	2

La nouvelle Electro s'est révélée inexpérimentée lors de son premier affrontement avec Spider-Man, qui l'a vite neutralisée avec de l'eau.

ELECTRO FRANCINE FRYE

E

Francine Frye a toujours admiré les super-vilains et envié leur mode de vie. C'est ce qui l'a poussée à embrasser Electro (Max Dillon), malgré les pouvoirs encore instables de ce dernier. Électrocutée à cause de ses multiples piercings au visage, Francine est morte. Plus tard, elle a été clonée par le Chacal et a découvert que les facultés de Dillon lui avaient été transférées.

Le costume de Frye rappelle fortement celui de son prédécesseur, Max Dillon.

Francine avait les cheveux teints en vert, des tatouages et des piercings, mais tout a disparu une fois qu'elle a été clonée.

PROBLÈMES DE DÉPENDANCE
Lorsque Francine a été clonée pour la première fois, le Chacal (Ben Reilly à l'époque) s'est assuré qu'il la contrôlait en la rendant dépendante des pilules qui empêchaient son corps de dégénérer. Après la défaite de son créateur, le corps de Francine s'est stabilisé et elle n'a plus eu besoin de médicaments.

CARTE D'IDENTITÉ

VRAI NOM : Francine Frye
PROFESSION : Super-vilaine
BASE : New York
TAILLE : 1,73 m
POIDS : 61 kg
YEUX : Bleus
CHEVEUX : Bruns
ORIGINE : Mutante humaine ; tuée accidentellement par le premier Electro (Max Dillon) et ressuscitée en clone avec des pouvoirs.
POUVOIRS : Les pouvoirs de Francine sont identiques à ceux de Max Dillon : elle génère de l'énergie électrique projetable.

FACULTÉS

PROJECTION D'ÉNERGIE	FORCE	RÉSISTANCE	APTITUDE AU COMBAT	INTELLIGENCE	RAPIDITÉ
5	2	2	3	2	3

E EZEKIEL

Selon Ezekiel, les pouvoirs de Spider-Man ne lui viennent pas d'une morsure d'araignée radioactive, mais lui ont été accordés par les totems mystiques des esprits animaliers. Ezekiel possède aussi des pouvoirs arachnéens, qu'il a utilisés pour devenir un riche chef d'entreprise. À l'insu de Spider-Man, Ezekiel a détenu un autre être modifié par une araignée, Cindy Moon, qu'il a gardée enfermée pour la protéger. Elle a été découverte et libérée après la mort d'Ezekiel.

Ezekiel porte en général un costume d'homme d'affaires, mais il marche pieds nus pour mieux escalader les murs.

CARTE D'IDENTITÉ

VRAI NOM : Ezekiel Sims
PROFESSION : Homme d'affaires
BASE : New York
TAILLE : 1,83 m
POIDS : 81,65 kg
YEUX : Bleus
CHEVEUX : Gris
ORIGINE : Humain doté des pouvoirs du totem araignée.
POUVOIRS : Les capacités d'Ezekiel sont semblables à celles de Spider-Man. Son sens d'araignée l'avertit du danger et il peut s'accrocher à la plupart des surfaces.

Malgré son âge avancé, Ezekiel reste vigoureux grâce à ses pouvoirs d'araignée.

Comme Spider-Man, Ezekiel peut grimper aux murs.

CONSEILS D'EXPERT
Après avoir appris l'identité de Spider-Man, Ezekiel a révélé à Peter Parker qu'il pourrait l'aider à accomplir son destin de porteur du totem araignée. Ensemble, ils ont triomphé de Morlun, un monstre sans âge qui se nourrit de l'essence des totems. Plus tard, Ezekiel s'est sacrifié pour sauver Spider-Man.

FACULTÉS

PROJECTION D'ÉNERGIE	FORCE	RÉSISTANCE	APTITUDE AU COMBAT	INTELLIGENCE	RAPIDITÉ
1	4	3	4	3	3

FANTASTIC FOUR
(LES QUATRE FANTASTIQUES)

F

Les Quatre Fantastiques ressemblent plus à une famille qu'à une équipe de super-héros. Ils ont reçu leurs pouvoirs dans un accident lors d'une mission spatiale. Mr Fantastic, la Femme Invisible, la Torche et la Chose combattent le mal depuis leur QG, le Baxter Building. Spidey les a rejoints lorsque l'équipe a créé la Fondation du Futur.

La Torche est un des plus proches amis de Spidey.

Mr Fantastic peut s'étirer de manière incroyable.

DÉFENSEURS PLANÉTAIRES
Les Quatre Fantastiques sont toujours en première ligne quand des événements cosmiques menacent la Terre, qu'il s'agisse d'une invasion issue de la Zone Négative ou de l'arrivée d'un extraterrestre tout-puissant.

MEMBRES CLÉS

1. La Chose : très fort et presque indestructible avec son corps rocheux.

2. Mr Fantastic : génie scientifique qui peut étirer son corps de façon étonnante.

3. La Femme Invisible : se rend invisible et projette des champs de force inaltérables.

4. La Torche : capable de voler, d'enflammer son corps et de lancer des éclairs de feu.

F FIRESTAR

Angelica Jones est une mutante qui peut contrôler le rayonnement par micro-ondes. Sympathique et extravertie, elle a longtemps été l'alliée de Spider-Man. Elle s'est aussi brièvement associée avec Iceberg des X-Men. Firestar est une coéquipière de valeur, qui a également collaboré avec les New Warriors et les Avengers. Elle aime travailler avec d'autres héros car, seule, elle a du mal à concilier ses combats de justicière avec sa vie personnelle.

Firestar considère ses coéquipiers comme sa famille. Elle est très fidèle à ceux à qui elle accorde sa confiance.

CARTE D'IDENTITÉ

VRAI NOM : Angelica « Angel » Jones
PROFESSION : Aventurière
BASE : Krakoa, océan Pacifique
TAILLE : 1,73 m
POIDS : 56,7 kg
YEUX : Verts
CHEVEUX : Roux
ORIGINE : Mutante
POUVOIRS : Firestar a la capacité mutante de projeter l'énergie par micro-ondes et de générer une chaleur intense. Cette énergie lui permet également de voler.

AMIE FIDÈLE
Firestar apparaît souvent quand Spider-Man a besoin d'aide. Son attitude positive fait d'elle une coéquipière indispensable, car elle a le don de surgir au bon endroit au bon moment. Justicière active depuis l'âge de 13 ans, Firestar devient chaque année plus puissante.

FACULTÉS

PROJECTION D'ÉNERGIE	FORCE	RÉSISTANCE	APTITUDE AU COMBAT	INTELLIGENCE	RAPIDITÉ
5	2	2	3	2	3

Flash a servi plusieurs fois dans l'armée américaine et a été remarqué pour sa bravoure.

FLASH THOMPSON

Élève le plus populaire de Midtown High, Flash a longtemps intimidé Peter Parker. Une fois ce dernier devenu Spider-Man, ils ont fini par être amis. Flash a perdu l'usage de ses jambes après avoir servi dans l'armée, mais il a retrouvé sa mobilité en étant le nouvel hôte de Venom. Plus tard, il est devenu Agent Anti-Venom. Il a utilisé sa connexion aux symbiotes pour revenir à la vie après avoir été tué par le Bouffon Rouge.

Flash se considère comme le fan numéro un de Spider-Man.

Malgré ses airs arrogants, Flash a le cœur d'un héros.

GRANDIR
Adolescent, Flash admirait Spider-Man mais n'appréciait guère le « chétif » Peter Parker. Il est ensuite devenu à son tour un super-héros à part entière grâce aux pouvoirs de Venom.

CARTE D'IDENTITÉ

VRAI NOM : Eugene « Flash » Thompson
PROFESSION : Aventurier ; justicier ; agent d'opérations secrètes
BASE : New York
TAILLE : 1,87 m
POIDS : 72,57 kg
YEUX : Bleus
CHEVEUX : Blonds
ORIGINE : Humain lié à un symbiote.
POUVOIRS : Anti-Venom a accordé à Flash des pouvoirs semblables à ceux de Spider-Man : force surhumaine, vitesse et agilité, adhésion sur les murs et faculté de produire une toile organique.

FACULTÉS

PROJECTION D'ÉNERGIE	FORCE	RÉSISTANCE	APTITUDE AU COMBAT	INTELLIGENCE	RAPIDITÉ
1	2	2	3	2	1

FRIGHTFUL FOUR (LES TERRIFICS)

Les Terrifics sont la version maléfique des Quatre Fantastiques. La composition de l'équipe a souvent varié, mais le Sorcier, un génie malfaisant, est resté à sa tête. Après de nombreuses défaites contre des super-héros, tels les Quatre Fantastiques, ou Spider-Man, l'équipe aspire à gagner.

MEMBRES CLÉS

1. **Le Sorcier :** génie scientifique dont l'armure motorisée lui permet de voler et de lancer des explosions d'énergie enflammée.
2. **L'Homme-Sable :** son corps composé de sable peut être remodelé et changer de taille.
3. **Le Piégeur :** équipé d'une grande variété de pièges et de tireurs de colle.
4. **Médusa :** la Reine des Inhumains a rejoint les Terrifics après un accident qui l'a rendue amnésique.

FAUSSE ARAIGNÉE
Les Terrifics ont conclu que la meilleure façon de détruire les Quatre Fantastiques était de cibler Spider-Man ! Le Piégeur s'est ainsi fait passer pour le justicier et s'est introduit à l'intérieur de leur QG. Heureusement, le vrai Spider-Man a réussi à arrêter l'imposteur et ses complices.

Comme les Quatre Fantastiques, les Terrifcs comptent toujours trois hommes et une femme.

Le Sorcier s'est senti menacé quand une autre équipe de vilains, le Redoutable Quatuor, a semblé vouloir les copier.

Fusion reproduit les armes des ennemis de Spider-Man. Mais quand il fait équipe avec le Docteur Octopus, il possède de véritables tentacules !

FUSION

On peut s'étonner de voir Fusion posséder les incroyables pouvoirs de Thor ou de la Chose, mais ce n'est pas réel. Fusion n'est qu'illusions mouvantes. Il a d'abord utilisé ses pouvoirs mutants de persuasion pour devenir riche. Mais, suite à la mort de son fils, qui avait essayé d'imiter Spider-Man, Fusion a lancé une vendetta implacable contre le Tisseur.

CARTE D'IDENTITÉ

VRAI NOM : Wayne Markley
PROFESSION : Criminel professionnel
BASE : Mobile
TAILLE : 1,83 m
POIDS : 86,18 kg
YEUX : Marron
CHEVEUX : Bruns
ORIGINE : Mutant
POUVOIRS : La mutation de Fusion lui permet de manipuler les perceptions d'autres personnes et de créer l'illusion de différents super-pouvoirs. Cependant, il ne les possède pas pour de vrai.

POUVOIRS SOLAIRES
Fusion est apparu lors du cambriolage d'une banque à New York, attirant l'attention de Spider-Man par les illusions qu'il a produites : le bouclier de Captain America, les griffes de Wolverine et les tentacules mécaniques du Docteur Octopus.

FACULTÉS

PROJECTION D'ÉNERGIE	FORCE	RÉSISTANCE	APTITUDE AU COMBAT	INTELLIGENCE	RAPIDITÉ
5	2	2	2	2	2

G GANKE LEE

Ganke Lee est le meilleur ami de Miles Morales depuis l'enfance. Leur lien est si fort que Miles a confié à Ganke qu'il possédait des pouvoirs d'araignée. Suite à cette révélation, Ganke est devenu le bras droit de Miles dans l'univers des super-héros. Quand sa réalité a été détruite par une Incursion, Ganke a été l'un des rares humains sauvés par l'Homme-Molécule et a été créé à nouveau sur la Terre-616.

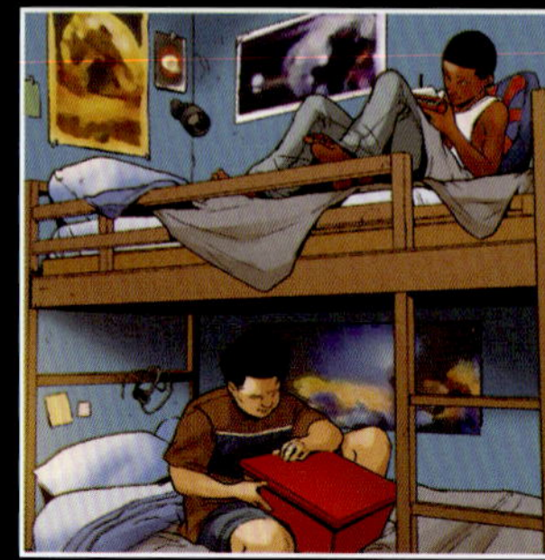

Ganke et Miles ont été compagnons de chambre à l'Académie Brooklyn Visions.

CARTE D'IDENTITÉ

VRAI NOM : Ganke Lee
PROFESSION : Étudiant
BASE : Brooklyn, New York
TAILLE : 1,68 m
POIDS : 113 kg
YEUX : Marron
CHEVEUX : Noirs
ORIGINE : Humain de la Terre-1610, recréé plus tard sur la Terre-616.
POUVOIRS : Aucun

Bien que Ganke soit dévoué à Miles Morales, il a plus d'une fois révélé involontairement l'identité secrète de son ami.

Ganke admire le héros plus-size Goldballs.

Ganke est un amateur de jeux de construction.

SOUTIEN TECHNIQUE
Ganke ne s'est pas contenté de fournir un soutien émotionnel à Spider-Man, il lui a également apporté des solutions pratiques, comme l'aider à comprendre quelle était l'origine de son pouvoir. Grâce à son intelligence scientifique, Ganke a ensuite mis au point le fluide de toile pour Spider-Man.

FACULTÉS

PROJECTION D'ÉNERGIE	FORCE	RÉSISTANCE	APTITUDE AU COMBAT	INTELLIGENCE	RAPIDITÉ
1	1	1	1	3	1

Spider-Man s'est senti coupable de la mort du Capitaine Stacy. Il s'est juré d'éviter que cette tragédie ne se reproduise.

GEORGE STACY

Le Capitaine George Stacy, de la police de New York, était l'un des soutiens les plus fiables de Spider-Man. C'était aussi un ami de Peter Parker, il avait d'ailleurs deviné le secret de sa double identité. Héros jusqu'au bout, il est mort en sauvant la vie d'un enfant pendant un combat entre Spider-Man et le Docteur Octopus.

CARTE D'IDENTITÉ

VRAI NOM : George Stacy
PROFESSION : Capitaine de la police de New York (retraité)
BASE : Brooklyn, New York
TAILLE : 1,85 m
POIDS : 86,18 kg **YEUX :** Bleus
CHEVEUX : Blancs
ORIGINE : Humain
POUVOIRS : Stacy est un excellent policier et un leader, formé aux techniques de combat à mains nues et au tir d'armes à feu.

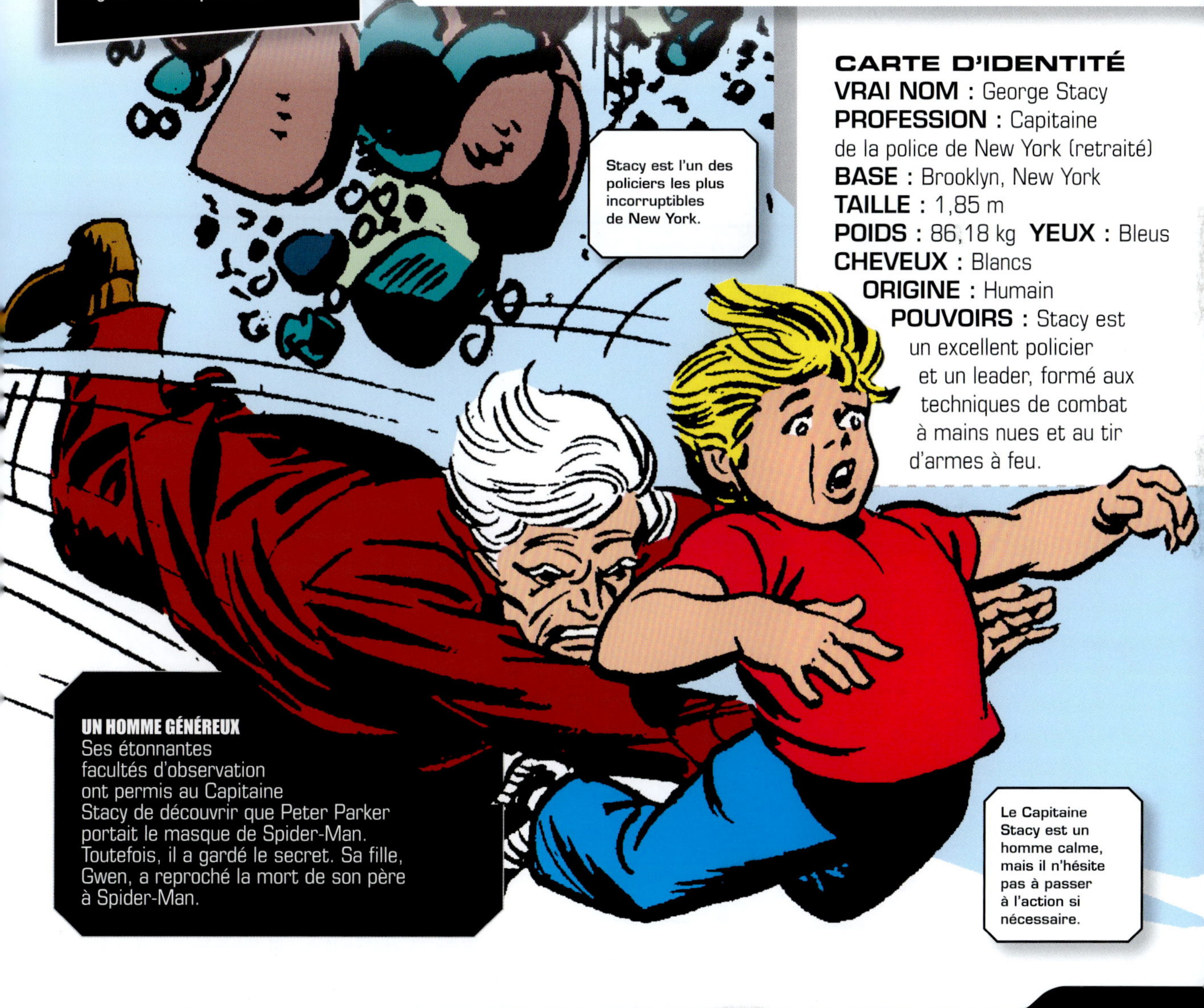

Stacy est l'un des policiers les plus incorruptibles de New York.

UN HOMME GÉNÉREUX
Ses étonnantes facultés d'observation ont permis au Capitaine Stacy de découvrir que Peter Parker portait le masque de Spider-Man. Toutefois, il a gardé le secret. Sa fille, Gwen, a reproché la mort de son père à Spider-Man.

Le Capitaine Stacy est un homme calme, mais il n'hésite pas à passer à l'action si nécessaire.

FACULTÉS

PROJECTION D'ÉNERGIE	FORCE	RÉSISTANCE	APTITUDE AU COMBAT	INTELLIGENCE	RAPIDITÉ
1	2	2	3	3	2

GHOST RIDER

Après avoir vendu son âme au démon Méphisto, le cascadeur à moto Johnny Blaze s'est lié à un Esprit de la Vengeance pour devenir Ghost Rider. Avec son crâne enflammé, il chevauche sa Moto Infernale pour traquer le mal. Blaze n'est pas le seul humain à avoir été Ghost Rider, Danny Ketch et Robbie Reyes l'ont aussi été. Toutefois, Robbie a conduit une Voiture Infernale à la place de la Moto.

Tué par Méphisto, Johnny a usurpé le trône de son meurtrier et il est devenu le nouveau Roi de l'Enfer.

CARTE D'IDENTITÉ

VRAI NOM :
Jonathan « Johnny » Blaze
PROFESSION : Roi de l'Enfer ; cascadeur ; aventurier
BASE : Royaume de Méphisto, Enfers
TAILLE : 1,88 m
POIDS : 99,79 kg
YEUX : Bleus (comme Blaze)
CHEVEUX : Blond vénitien
ORIGINE : Humain lié à Zarathos, l'Esprit de la Vengeance.
POUVOIRS : Sa moto magique peut grimper sur les murs. Ghost Rider porte une lourde chaîne en guise d'arme. Il a aussi une force et une endurance surhumaines.

ACCORD DÉMONIAQUE
Les pouvoirs infernaux exercés par Ghost Rider viennent du démon Zarathos, un rival de Méphisto au sein des Enfers. Les hôtes de Ghost Rider s'inspirent de héros comme Spider-Man pour combattre le mal.

FACULTÉS

PROJECTION D'ÉNERGIE	FORCE	RÉSISTANCE	APTITUDE AU COMBAT	INTELLIGENCE	RAPIDITÉ
4	4	5	2	2	2

GHOST-SPIDER

G

La musique est très importante pour elle. Elle aime se défouler en jouant de la batterie avec son groupe, The Mary Janes.

L'adolescente Gwen Stacy, mordue par une araignée radioactive, a développé des super-pouvoirs. Lorsque sa carrière naissante de justicière a indirectement entraîné la mort de son ami Peter Parker, Gwen, alias Ghost-Spider, a intensifié son combat contre le crime pour atténuer sa culpabilité. Elle voyage fréquemment dans les différents mondes et s'est inscrite à l'université sur la Terre-616.

Le costume de Gwen a été conçu par le symbiote Venom de façon à ressembler à son ancienne tenue.

Les tireurs de toile originaux de Ghost-Spider ont été fabriqués par une ancienne de la Terre-65, la super-héroïne Janet Van Dyne (la Guêpe).

GWENOM
Ghost-Spider a perdu ses pouvoirs quand elle a été infectée par la formule de la maléfique Cindy Moon, de la Terre-65. Cependant, elle a eu la chance de regagner ses capacités en fusionnant avec le symbiote Venom, devenant ainsi Gwenom. Bien qu'aux prises avec les pulsions malveillantes du symbiote, Gwen a réussi à trouver un équilibre et à reprendre le dessus.

CARTE D'IDENTITÉ

VRAI NOM : Gwen Stacy
PROFESSION : Super-héroïne ; musicienne ; étudiante
BASE : Queens, New York
TAILLE : 1,65 m **POIDS :** 57 kg
YEUX : Bleus **CHEVEUX :** Blonds
ORIGINE : Mutante humaine ; mordue par une araignée radioactive génétiquement modifiée, Gwen a acquis les pouvoirs d'araignée. Pouvoirs qu'elle perdra plus tard mais elle les regagnera en se liant avec un symbiote.
POUVOIRS : Gwen possède super-force, vitesse, robustesse, endurance, réflexes et agilité, ainsi que la capacité à ramper sur les murs et le sens d'araignée.

FACULTÉS

PROJECTION D'ÉNERGIE	FORCE	RÉSISTANCE	APTITUDE AU COMBAT	INTELLIGENCE	RAPIDITÉ
1	4	3	3	3	3

G GLORY GRANT

Ancien mannequin, Glory Grant a emménagé dans l'immeuble de Peter Parker. Ils sont devenus amis, et Peter l'a aidée à décrocher un nouvel emploi au *Daily Bugle* comme assistante de J. Jonah Jameson. Glory a très bien su gérer les exigences de son patron et l'a suivi comme attachée de presse lorsqu'il a été élu maire de New York. Plus tard, elle est revenue au *Daily Bugle* comme rédactrice en chef.

Nouvelle voisine de Peter Parker, Glory apprécie ses photos. Grâce à lui, elle obtient un emploi au *Daily Bugle*.

CARTE D'IDENTITÉ
VRAI NOM : Gloria « Glory » Grant
PROFESSION : Rédactrice en chef ; ancienne assistante de J. Jonah Jameson
BASE : New York
TAILLE : 1,73 m
POIDS : 54,43 kg
YEUX : Marron
CHEVEUX : Noirs
ORIGINE : Humaine
POUVOIRS : Glory a d'excellentes compétences administratives, informatiques et éditoriales ; c'est aussi une plongeuse confirmée.

Glory a travaillé dans le mannequinat, puis dans la presse.

J. Jonah Jameson respecte Glory, bien qu'il l'admette rarement.

ASCENSION SOCIALE
Après l'élection de J. Jonah Jameson à la mairie de New York, Glory Grant l'a suivi à son nouveau poste. Elle a alors géré l'emploi du temps de son patron et entretenu des relations cordiales avec les journalistes, y compris avec ses anciens collègues du *Daily Bugle*.

FACULTÉS

PROJECTION D'ÉNERGIE	FORCE	RÉSISTANCE	APTITUDE AU COMBAT	INTELLIGENCE	RAPIDITÉ
1	1	1	1	3	1

GOBLIN KING (LE BOUFFON-ROI)

Phil Urich, le neveu de Ben Urich, employé au *Daily Bugle*, a fait un stage au journal avant d'acquérir les pouvoirs du Bouffon. Au début, malgré ses tentatives pour être un héros, il a succombé au crime et est devenu le Bouffon-Roi après la défaite de Norman Osborn. Cependant, lorsque ce dernier est revenu après avoir fusionné avec le symbiote Carnage, il a éliminé l'imposteur.

Urich possède un cri appelé le « rire fou », qui est assez puissant pour paralyser Spider-Man, et même faire effondrer les bâtiments.

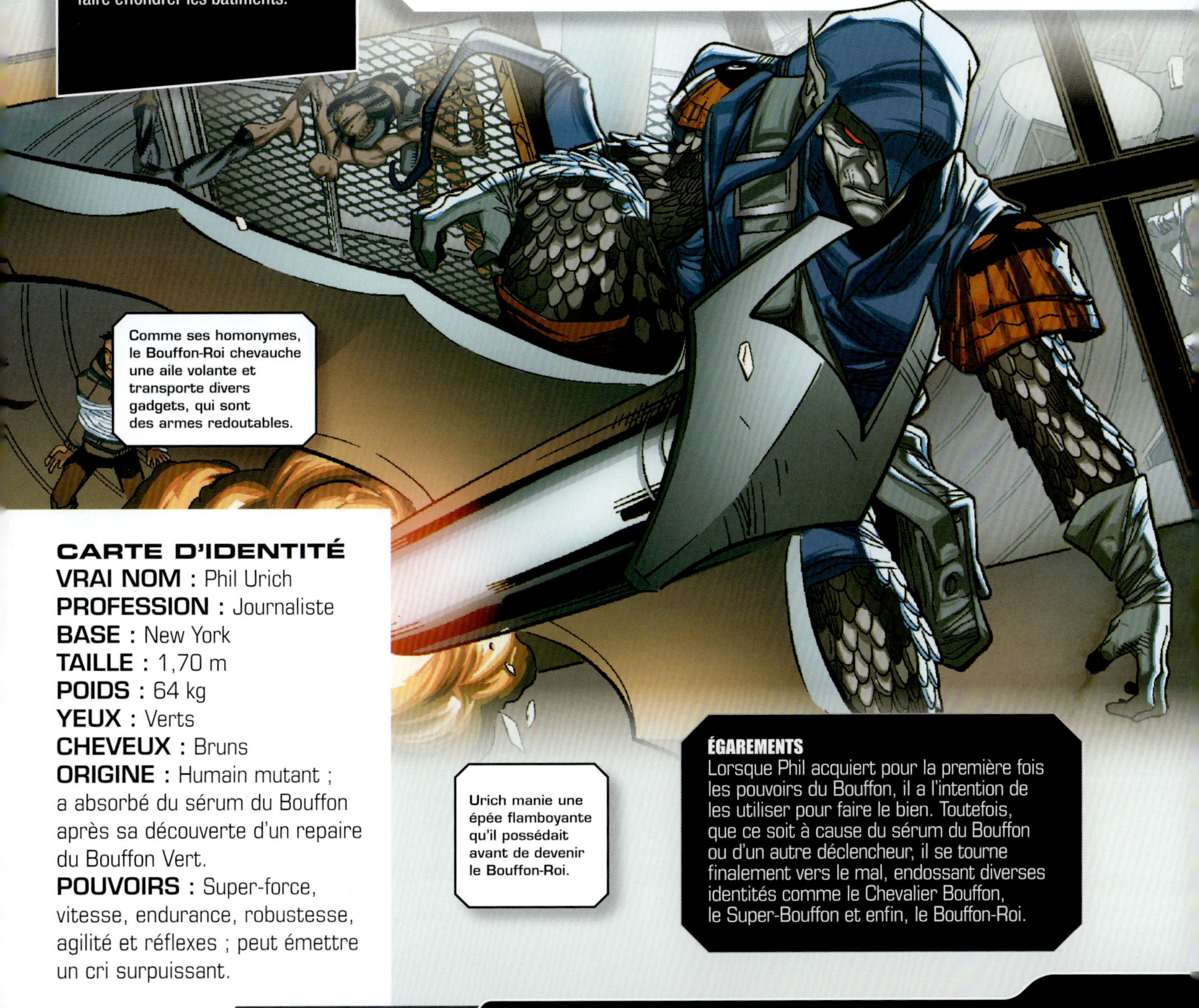

Comme ses homonymes, le Bouffon-Roi chevauche une aile volante et transporte divers gadgets, qui sont des armes redoutables.

Urich manie une épée flamboyante qu'il possédait avant de devenir le Bouffon-Roi.

CARTE D'IDENTITÉ
VRAI NOM : Phil Urich
PROFESSION : Journaliste
BASE : New York
TAILLE : 1,70 m
POIDS : 64 kg
YEUX : Verts
CHEVEUX : Bruns
ORIGINE : Humain mutant ; a absorbé du sérum du Bouffon après sa découverte d'un repaire du Bouffon Vert.
POUVOIRS : Super-force, vitesse, endurance, robustesse, agilité et réflexes ; peut émettre un cri surpuissant.

ÉGAREMENTS
Lorsque Phil acquiert pour la première fois les pouvoirs du Bouffon, il a l'intention de les utiliser pour faire le bien. Toutefois, que ce soit à cause du sérum du Bouffon ou d'un autre déclencheur, il se tourne finalement vers le mal, endossant diverses identités comme le Chevalier Bouffon, le Super-Bouffon et enfin, le Bouffon-Roi.

FACULTÉS

PROJECTION D'ÉNERGIE	FORCE	RÉSISTANCE	APTITUDE AU COMBAT	INTELLIGENCE	RAPIDITÉ
2	4	5	2	2	3

G GOG

L'extraterrestre reptilien Gog n'était qu'un bébé lorsque le vaisseau spatial dans lequel il voyageait s'est écrasé sur la Terre Sauvage, peuplée de dinosaures. Kraven le Chasseur l'a trouvé, l'a élevé et en a fait son complice afin de renverser le protecteur de la Terre Sauvage, Ka-Zar. Heureusement, Spider-Man est venu en aide à ce dernier pour neutraliser les deux vilains.

Spider-Man se sent tout petit quand il doit affronter le gigantesque Gog.

ÉTRANGE ÉTRANGER
Gog est incapable de parler les langues terrestres. Il ne peut que produire des bruits bestiaux et incohérents. Néanmoins, il est très intelligent, capable d'utiliser une technologie futuriste et de comprendre les ordres de Kraven le Chasseur, ainsi que ceux de ses autres alliés sur cette singulière planète.

Gog se laisse facilement dominer par des vilains et finit par servir leurs projets diaboliques.

CARTE D'IDENTITÉ
VRAI NOM : Gog
PROFESSION : Guerrier ; animal de compagnie
BASE : New York
TAILLE : 91,44 m (variable)
POIDS : Variable **YEUX** : Jaunes
CHEVEUX : Blonds
ORIGINE : Alien (Tsiln)
POUVOIRS : Grâce aux particules Pym dans son sang, Gog peut changer de taille. Fort et endurant, il porte des bracelets de téléportation.

FACULTÉS

PROJECTION D'ÉNERGIE	FORCE	RÉSISTANCE	APTITUDE AU COMBAT	INTELLIGENCE	RAPIDITÉ
1		6	4	4	2

GRAY GOBLIN (LE BOUFFON GRIS)

G

Quand Gabriel Stacy s'en prend à Spider-Man, celui-ci hésite à riposter de peur de faire mal à son adversaire.

Les jumeaux de Norman Osborn, Sarah et Gabriel, ont longtemps cru que Peter Parker était leur père. En effet, Osborn leur a raconté que Peter les avait rejetés après la mort de leur mère, Gwen Stacy. Quand Gabriel a appris la vérité, il a reproché à Spider-Man la mort de sa mère. Il a alors endossé un nouveau costume du Bouffon Vert pour devenir le Bouffon Gris et se venger.

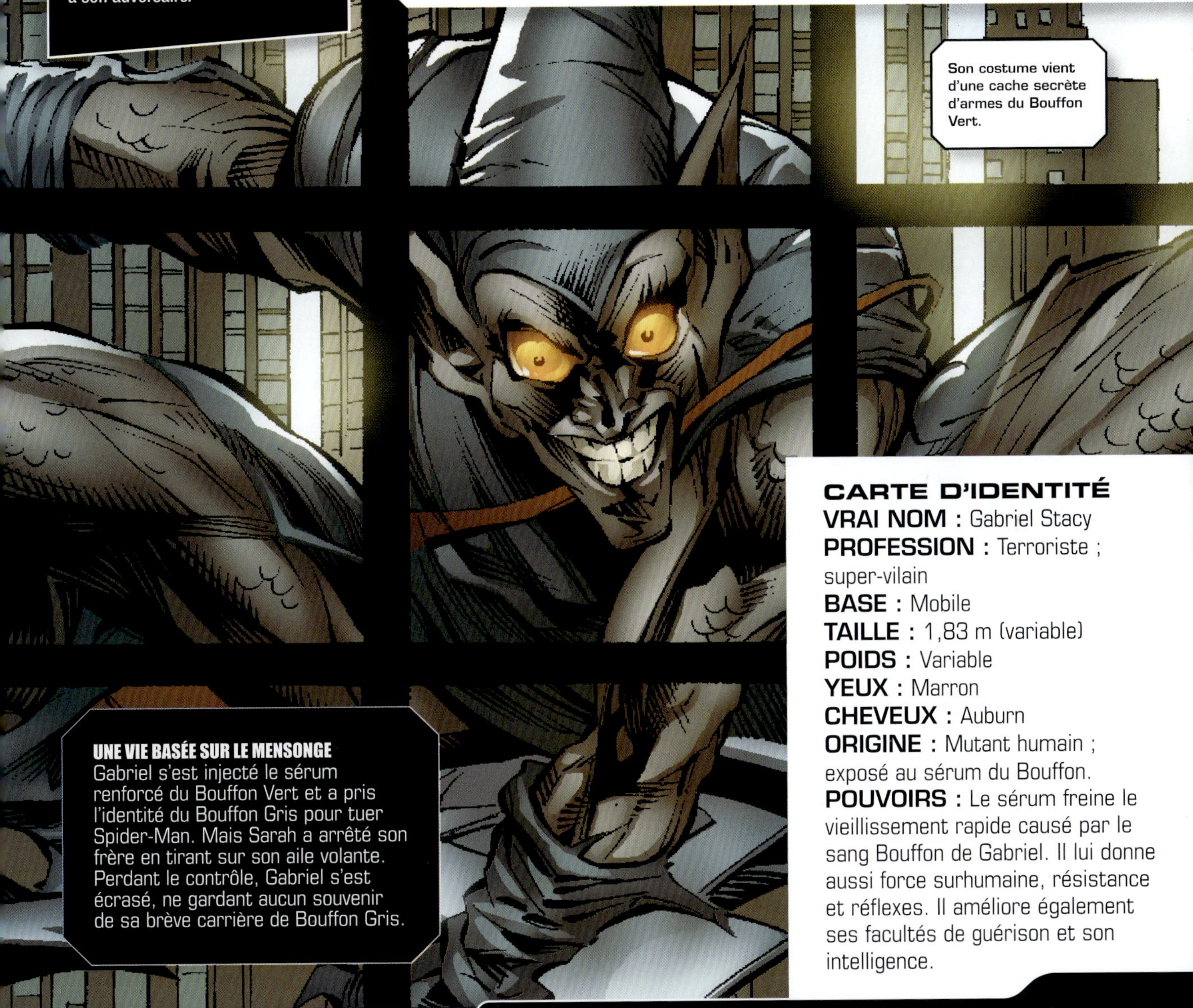

Son costume vient d'une cache secrète d'armes du Bouffon Vert.

UNE VIE BASÉE SUR LE MENSONGE
Gabriel s'est injecté le sérum renforcé du Bouffon Vert et a pris l'identité du Bouffon Gris pour tuer Spider-Man. Mais Sarah a arrêté son frère en tirant sur son aile volante. Perdant le contrôle, Gabriel s'est écrasé, ne gardant aucun souvenir de sa brève carrière de Bouffon Gris.

CARTE D'IDENTITÉ
VRAI NOM : Gabriel Stacy
PROFESSION : Terroriste ; super-vilain
BASE : Mobile
TAILLE : 1,83 m (variable)
POIDS : Variable
YEUX : Marron
CHEVEUX : Auburn
ORIGINE : Mutant humain ; exposé au sérum du Bouffon.
POUVOIRS : Le sérum freine le vieillissement rapide causé par le sang Bouffon de Gabriel. Il lui donne aussi force surhumaine, résistance et réflexes. Il améliore également ses facultés de guérison et son intelligence.

FACULTÉS

PROJECTION D'ÉNERGIE	FORCE	RÉSISTANCE	APTITUDE AU COMBAT	INTELLIGENCE	RAPIDITÉ
1	4	4	3	4	3

G GREEN GOBLIN (LE BOUFFON VERT) NORMAN OSBORN

Une aile volante qui crache de la fumée et un rire fou, telles sont les marques distinctives du Bouffon Vert. Dans sa quête de pouvoir, l'homme d'affaires Norman Osborn a inventé un sérum qui lui a donné une force incroyable mais lui a coûté sa santé mentale. En tant que Bouffon Vert, il a terrorisé New York au début de la carrière de Spider-Man. Finalement, Osborn a recouvré la raison avec l'antidote au sérum du Bouffon ; cependant, il reste persuadé que sa folie l'a aidé dans ses combats contre Spider-Man.

L'aile volante du Bouffon Vert peut faire du sur-place ou atteindre des vitesses extrêmement élevées. Elle peut aussi se télécommander.

CARTE D'IDENTITÉ

VRAI NOM : Norman Virgil Osborn
PROFESSION : Génie du crime
BASE : Mobile **TAILLE :** 1,80 m
POIDS : 83,91 kg
YEUX : Verts **CHEVEUX :** Auburn
ORIGINE : Mutant humain ; accidentellement exposé à une formule chimique qui augmente force et intelligence mais cause une instabilité mentale.
POUVOIRS : La formule du Bouffon a donné à Osborn des capacités physiques surhumaines. Il possède des armes de jet dont des bombes-citrouilles explosives, incendiaires et fumigènes. Son armure protectrice comprend des gants qui tirent des décharges électriques.

LA MORT DE GWEN STACY
Le crime le plus tristement célèbre du Bouffon Vert est celui de Gwen Stacy, la petite amie de Peter Parker, qu'il a jetée du haut d'un pont. Le Bouffon Vert semble avoir trouvé la mort quand son aile volante s'est écrasée sur lui. Mais on n'a pas fini d'entendre parler de Norman Osborn…

FACULTÉS

PROJECTION D'ÉNERGIE	FORCE	RÉSISTANCE	APTITUDE AU COMBAT	INTELLIGENCE	RAPIDITÉ
3	4	4	3	4	3

Les bombes fumigènes du Bouffon contiennent parfois du gaz qui affecte la raison, lui donnant un avantage déloyal sur Spider-Man.

GREEN GOBLIN (LE BOUFFON VERT)

HARRY OSBORN

G

Harry était bouleversé quand il a appris que son père était le maléfique Bouffon Vert, mort en combattant Spider-Man. Lorsqu'il a ensuite découvert que le super-héros n'était autre que son meilleur ami, Peter Parker, il est devenu fou de chagrin. Il a alors décidé d'endosser l'héritage du Bouffon Vert pour se venger. Quand ses actions ont mis en danger son fils Normie et Mary-Jane Watson, Harry a choisi de les sauver en le payant de sa vie.

LE POISON
Son exposition au puissant sérum de son père a conféré à Harry d'incroyables capacités. Il est devenu plus fort et plus intelligent que ne l'avait été le Bouffon Vert. Cependant, le sérum l'empoisonne à petit feu et finira par causer sa mort.

CARTE D'IDENTITÉ

VRAI NOM : Harold Theopolis « Harry » Osborn
PROFESSION : Homme d'affaires
BASE : New York
TAILLE : 1,78 m
POIDS : 77,11 kg
YEUX : Bleus
CHEVEUX : Bruns
ORIGINE : Mutant humain ; exposé à la formule du Bouffon.
POUVOIRS : Harry possède des capacités surhumaines dues au sérum de son père, le Bouffon Vert ; il utilise aussi les équipements paternels comme les bombes-citrouilles, les lames chauves-souris, les gants à décharges électriques et l'aile volante.

FACULTÉS

PROJECTION D'ÉNERGIE	FORCE	RÉSISTANCE	APTITUDE AU COMBAT	INTELLIGENCE	RAPIDITÉ
3	4	4	2	5	3

G GRIM HUNTER

Vladimir Kravinoff reproche à Spider-Man la mort de son père, Kraven le Chasseur. S'inspirant d'une légende ancestrale, il devient Grim Hunter et fait de Spidey sa proie ! Après sa mort et sa résurrection en monstre terrifiant, Vladimir est tué une seconde fois par son père, pour éviter la souillure du nom familial.

Un rituel accompli par sa mère, Sasha, rappelle Vladimir Kravinoff à la vie sous les traits d'un prédateur ressemblant à un lion, avide de dévorer Spider-Man.

Sous sa nouvelle apparence, Vladimir est plus animal qu'humain. Il ronge les os et est incapable de parler.

Son corps est très fort grâce au sérum magique de son père.

SUR LES TRACES DE SON PÈRE
Grim Hunter a traqué Spider-Man et son clone Ben Reilly (Scarlet Spider) pour restaurer l'honneur de sa famille. Il a été tué par Kaine, un autre clone de Spider-Man, puis rappelé à la vie grâce à un rituel mystique, sous les traits d'un hybride mi-humain, mi-lion.

CARTE D'IDENTITÉ
VRAI NOM : Vladimir Sergeievich Kravinoff
PROFESSION : Chasseur
BASE : New York
TAILLE : 1,93 m
POIDS : 108,86 kg
YEUX : Marron **CHEVEUX :** Noirs
ORIGINE : Mutant humain ; modifié par le sérum Calypso.
POUVOIRS : Vladimir a des capacités physiques surhumaines et des talents de combattant. Il porte un gilet pare-balles, il arbore des lance-fléchettes aux poignets et des gants à émission d'électrochocs.

FACULTÉS

PROJECTION D'ÉNERGIE	FORCE	RÉSISTANCE	APTITUDE AU COMBAT	INTELLIGENCE	RAPIDITÉ
4	4	3	4	2	3

GRIZZLY

Le Grizzly a cherché à se réinventer de nombreuses fois, mais il lui est très difficile d'échapper à son passé criminel.

Maxwell Markham était un célèbre lutteur professionnel jusqu'à ce qu'un article du *Daily Bugle* ne dénonce sa brutalité. Le Chacal lui ayant attribué un exosquelette qui a augmenté sa force, le Grizzly s'est rendu dans les bureaux du *Daily Bugle* pour se venger. Après plusieurs défaites contre Spider-Man, le Grizzly a fait équipe avec d'autres vilains, sans beaucoup de succès. Il a même essayé de devenir un héros, en vain.

VAINS EFFORTS
Le Grizzly a noué une alliance avec le Gibbon, mais leurs tentatives de méfaits ont toujours échoué. Le problème, c'est que le Grizzly préfère toujours sa réputation et sa fortune à l'amitié. Pour aggraver les choses, son tempérament colérique lui fait souvent perdre le contrôle, même contre ses propres équipiers.

CARTE D'IDENTITÉ

VRAI NOM : Maxwell Markham
PROFESSION : Agent du gouvernement ; ancien lutteur professionnel ; criminel
BASE : Miami, Floride
TAILLE : 2,06 m
POIDS : 131,54 kg
YEUX : Bleus
CHEVEUX : Blonds
ORIGINE : Mutant humain ; a subi une série d'expériences pour renforcer ses capacités.
POUVOIRS : Le Grizzly possède de nombreuses facultés humaines, y compris résistance et force accrues ; de plus, ses crocs et griffes peuvent déchirer l'acier. Il est également un lutteur qualifié.

FACULTÉS

PROJECTION D'ÉNERGIE	FORCE	RÉSISTANCE	APTITUDE AU COMBAT	INTELLIGENCE	RAPIDITÉ
1	4	5	3	2	2

G GWEN STACY

Gwen Stacy était une étudiante brillante et populaire, d'abord au lycée de Standard High, puis à l'Empire State University. Ayant perdu sa mère dans sa petite enfance, Gwen était très proche de son père, le chef de la police, et elle aimait l'aider dans ses enquêtes quand elle le pouvait. Gwen a rencontré Peter Parker à l'université et elle a été son premier amour. La mort tragique de la jeune femme représente un des plus grands regrets du héros.

Spider-Man se sentira toujours coupable de ne pas avoir pu empêcher la mort de Gwen et de son père.

CARTE D'IDENTITÉ

VRAI NOM : Gwendolyne Maxine « Gwen » Stacy
PROFESSION : Étudiante ; mannequin
BASE : New York
TAILLE : 1,70 m
POIDS : 58,57 kg **YEUX :** Bleus
CHEVEUX : Blonds
ORIGINE : Humaine
POUVOIRS : Curieuse et intelligente, Gwen était une étudiante en biochimie appréciée pour sa gentillesse et sa générosité.

Gwen avait un don d'enquêtrice et elle aidait souvent son père à résoudre ses affaires.

L'un des professeurs de Gwen, Miles Warren, était obsédé par elle. Devenu le Chacal, il a créé des clones de la jeune femme.

AMOUR PERDU
Lorsque le père de Gwen, le capitaine George Tracy, a perdu la vie au cours d'un affrontement entre Spider-Man et le Docteur Octopus, Gwen a estimé que la faute en revenait au Tisseur. Peter voulait dire la vérité à la jeune femme, mais elle est morte avant qu'il n'ait pu lui révéler son secret.

FACULTÉS

PROJECTION D'ÉNERGIE	FORCE	RÉSISTANCE	APTITUDE AU COMBAT	INTELLIGENCE	RAPIDITÉ
1	2	2	1	4	2

HAMMERHEAD

Ce gangster au crâne aplati a gagné son surnom après une bagarre, lorsque le chirurgien Jonas Harrow a remplacé son crâne endommagé par une plaque d'acier. Hammerhead s'est inspiré de vieux films de gangsters et a entrepris de se débarrasser de ses rivaux, mais il a toujours trouvé Spider-Man en travers de sa route.

Au cours des années, Hammerhead est devenu de plus en plus agressif dans sa lutte contre Spider-Man.

PLUS SOLIDE
Mister Negative a par la suite amélioré Hammerhead, qui lui a juré fidélité. Hammerhead possède maintenant un crâne et un endosquelette en adamantium, un métal quasi indestructible.

CARTE D'IDENTITÉ

VRAI NOM : Joseph (nom de famille inconnu)
PROFESSION : Seigneur du crime
BASE : Manoir de Hammerhead, Queens, New York
TAILLE : 1,78 m
POIDS : 102,2 kg
YEUX : Bleus
CHEVEUX : Noirs
ORIGINE : Humain, avec un crâne en acier après chirurgie.
POUVOIRS : Hammerhead peut briser presque tout ce qu'il charge la tête la première. Il a un esprit criminel acéré et possède une grande habileté aux armes à feu, en particulier les mitrailleuses.

FACULTÉS

PROJECTION D'ÉNERGIE	FORCE	RÉSISTANCE	APTITUDE AU COMBAT	INTELLIGENCE	RAPIDITÉ
1	3	5	4	2	2

H HARRY OSBORN

Fils de l'industriel milliardaire Norman Osborn, Harry Osborn est devenu l'ami de Peter Parker pendant leurs études à l'Empire State University. Harry avait une relation difficile avec son père, mais quand ce dernier est passé pour mort après avoir affronté Spider-Man, Harry est devenu le second Bouffon Vert, afin de le venger. Il se rachètera plus tard en se sacrifiant pour sauver son fils Normie, Mary Jane Watson et Spider-Man d'un incendie.

Après sa mort, l'âme d'Harry est allée aux Enfers, suite au marché que Norman Osborn avait conclu avec Méphisto des années auparavant.

CARTE D'IDENTITÉ

VRAI NOM : Harold Theopolis « Harry » Osborn
PROFESSION : Homme d'affaires
BASE : New York
TAILLE : 1,78 m
POIDS : 77,11 kg
YEUX : Bleus
CHEVEUX : Bruns
ORIGINE : Humain
POUVOIRS : Sans le sérum du Bouffon Vert, Harry n'a pas de super-pouvoirs, mais il est très intelligent et est un excellent chef d'entreprise.

En guise d'assurance contre la mort, Harry s'est arrangé pour que sa conscience soit téléchargée avec celle de son père dans une intelligence artificielle Osborn.

LE RETOUR DE HARRY ?
Quelque temps après sa mort, Harry est apparemment revenu, prêt à commencer une nouvelle vie. Cependant, il s'est avéré plus tard qu'il s'agissait d'un clone, le vrai Harry étant réellement mort. Le clone s'est également sacrifié pour sauver Spider-Man de l'Âme Sœur.

Harry est brièvement devenu American Son, le héros en armure, suite à un plan machiavélique orchestré par son père, Norman.

FACULTÉS

PROJECTION D'ÉNERGIE	FORCE	RÉSISTANCE	APTITUDE AU COMBAT	INTELLIGENCE	RAPIDITÉ
1	2	2	2	3	2

HITMAN

Si les criminels vivent dans la peur de héros comme Spider-Man, ils savent qu'ils pourront embaucher Hitman pour faire le mal à leur place.

Burt Kenyon a autrefois sauvé la vie de Frank Castle (le Punisher) quand ils étaient dans les Marines. Après avoir quitté l'armée, il est devenu tueur pour les familles criminelles de la Maggia. Sous le nom de Hitman, il a essayé d'abattre Spider-Man lors d'une confrontation au sommet de la statue de la Liberté. Ayant perdu la vie dans ce combat, Hitman est ensuite revenu grâce aux opérations de clonage du Chacal.

DANS LE CLOUD
De retour sous la forme d'un clone, Hitman a cherché un moyen de se rendre immortel. Il a téléchargé sa conscience dans le cloud afin de pouvoir être implanté dans un nouveau clone à chaque fois qu'il serait tué. Cela représente un atout indiscutable pour un assassin, car il n'a plus besoin de quitter les lieux où il commet ses crimes.

CARTE D'IDENTITÉ

VRAI NOM : Burt Kenyon
PROFESSION : Tueur ; ancien Marine américain
BASE : New York
TAILLE : 1,85 m
POIDS : 95,25 kg
YEUX : Marron
CHEVEUX : Auburn
ORIGINE : Humain
POUVOIRS : Hitman est un habile tireur d'élite, un sniper et un expert au corps-à-corps. Son avion à réaction, qui lui sert de quartier général, contient des équipements de haute technologie.

FACULTÉS

PROJECTION D'ÉNERGIE	FORCE	RÉSISTANCE	APTITUDE AU COMBAT	INTELLIGENCE	RAPIDITÉ
1	2	2	4	3	2

H HOBGOBLIN (LE SUPER-BOUFFON)

Le créateur de mode milliardaire Roderick Kingsley se sentait vulnérable après avoir été agressé par un rival. Voulant devenir plus fort, il a absorbé la formule du Bouffon Vert de Norman Osborn et est devenu le maléfique Super-Bouffon. Depuis, d'autres ont suivi son exemple, faisant du Super-Bouffon un ennemi récurrent de Spidey.

Ennemi de tous les héros dotés de pouvoirs d'araignée, le Super-Bouffon s'en est également pris à Spider-Woman (Jessica Drew), ainsi qu'à tous ses proches.

CARTE D'IDENTITÉ

VRAI NOM : Roderick Kingsley
PROFESSION : Grand couturier ; ancien seigneur du crime ; P.-D.G. de Kingley Ldt
BASE : New York
TAILLE : 1,80 m
POIDS : 83,91 kg
YEUX : Bleus
CHEVEUX : Blonds
ORIGINE : Mutant humain ; amélioré par le sérum du Bouffon.
POUVOIRS : La formule du Bouffon Vert donne au Super-Bouffon des capacités de surhomme. Il utilise des versions modifiées des armes et de l'équipement du Bouffon Vert, comme les bombes de Jack O'Lantern et une aile volante.

LE DERNIER VILAIN
Le journaliste du *Daily Bugle* Phil Urich est le plus récent des Super-Bouffons. Quand son identité secrète a été dévoilée, il a promis au Bouffon Vert de le soutenir dans sa croisade contre Spider-Man.

FACULTÉS

PROJECTION D'ÉNERGIE	FORCE	RÉSISTANCE	APTITUDE AU COMBAT	INTELLIGENCE	RAPIDITÉ
3	4	3	2	4	3

HORIZON LABS

Horizon Labs a été fondé par Max Modell pour proposer un lieu où les meilleurs scientifiques du monde pourraient développer de nouvelles idées. L'équipe a fait face à des crises, comme l'apparition d'un spider-virus. Peter Parker a travaillé à Horizon Labs et ses découvertes ont bénéficié à la fois au monde et à Spider-Man.

Lors d'une visite des laboratoires, le chef du lieu, Max Modell, a été impressionné par l'étendue des connaissances scientifiques de Peter. Il lui a aussitôt proposé un poste.

DES EXPÉRIENCES DANGEREUSES
Après son élection à la mairie de New York, J. Jonah Jameson a considéré Horizon Labs comme une menace. Bien qu'il reconnaisse l'expertise du personnel, leurs expériences non autorisées (comme la création d'un portail temporel) violent, selon lui, les règles de sécurité de la ville.

Le siège d'Horizon Labs est situé dans le quartier de South Street Seaport à Manhattan, à New York.

Quand le complexe de South Street Seaport a été détruit, Max Modell a déplacé son entreprise sur un laboratoire flottant, le Zénith.

H HULK

Avec son cri de guerre « Hulk écrase ! », Hulk est l'un des êtres les plus forts qui existent. Irradié par les rayons gamma à la suite de l'essai d'une bombe atomique, le scientifique Bruce Banner s'est transformé en incroyable Hulk. Depuis, il passe constamment d'une forme à l'autre, souvent sans le vouloir. Spider-Man préfère lui venir en aide, mais il doit parfois l'affronter !

Bruce Banner est un génie scientifique dont les émotions refoulées se manifestent sous différentes variantes de Hulk.

CARTE D'IDENTITÉ

VRAI NOM : Robert Bruce Banner
PROFESSION : Physicien nucléaire ; super-héros
BASE : New York
TAILLE : 2,44 m
POIDS : 635 kg
YEUX : Verts (en Hulk)
CHEVEUX : Verts (en Hulk)
ORIGINE : Mutant humain ; sa structure moléculaire a été modifiée par l'exposition aux rayons gamma.
POUVOIRS : Hulk possède une force quasi illimitée. En un bond, il peut sauter plusieurs kilomètres, et son corps guérit presque instantanément.

Hulk possède des muscles surhumains irradiés.

En frappant le sol, il peut déclencher un tremblement de terre.

UNE LUTTE INTÉRIEURE
Bruce Banner tente de garder le contrôle de ses transformations, mais les crises de douleur ou de colère déclenchent l'apparition de Hulk. Parfois, Bruce est capable de garder sa grande intelligence en éveil à l'intérieur du corps invincible de Hulk.

FACULTÉS

PROJECTION D'ÉNERGIE	FORCE	RÉSISTANCE	APTITUDE AU COMBAT	INTELLIGENCE	RAPIDITÉ
5	7	7	4	6	3

HUMAN FLY (LA MOUCHE)

La Mouche sécrète de l'acide capable de dissoudre de nombreuses matières, dont le métal.

Blessé par balles, un délinquant s'est porté volontaire pour un traitement expérimental et est devenu la Mouche ! Ses pouvoirs se sont dévoilés peu à peu, et il s'est progressivement transformé en un monstre hideux. La Mouche est sans conteste l'un des ennemis les plus répugnants de Spider-Man.

Le vol à grande vitesse est le plus grand pouvoir de la Mouche.

La Mouche a choisi un costume coloré pour entamer sa carrière de super-vilain.

CARTE D'IDENTITÉ

VRAI NOM : Richard Deacon
PROFESSION : Criminel professionnel
BASE : Mobile **TAILLE :** 1,80 m
POIDS : 90,72 kg
YEUX : Rouges **CHEVEUX :** Bruns
ORIGINE : Mutant humain ; un scientifique lui a inoculé les facultés d'une mouche.
POUVOIRS : La Mouche a les qualités d'une mouche commune surdimensionnée, avec la capacité d'adhérer aux murs et de produire un bourdonnement dévastateur. Le vilain possède également des ailes tranchantes comme des rasoirs et a la possibilité de cracher de l'acide.

UN PARASITE REDOUTABLE
Après avoir acquis ses super-pouvoirs, la Mouche n'a pas changé ses projets. S'en tenant au crime, le vilain a affronté divers héros, y compris Moon Knight et Spider-Man. Il a été assassiné, mais Hood, un chef de gang, l'a ramené à la vie.

FACULTÉS

PROJECTION D'ÉNERGIE	FORCE	RÉSISTANCE	APTITUDE AU COMBAT	INTELLIGENCE	RAPIDITÉ
4	4	3	2	2	3

H HUMAN TORCH (LA TORCHE)

Dans l'accident cosmique qui a donné naissance aux Quatre Fantastiques, Johnny Storm a acquis le pouvoir de contrôler les flammes. La tête brûlée de l'équipe aime s'amuser et ne prend pas toujours ses responsabilités au sérieux. La Torche a rencontré Spider-Man quand ils étaient tous deux adolescents, et, malgré quelques désaccords, ils sont devenus de vrais amis.

La Torche est accompagné de sa sœur, Sue Storm Richards, et du chef des Quatre Fantastiques, Red Richards.

CARTE D'IDENTITÉ

VRAI NOM : Jonathan Lowell Spencer « Johnny » Storm
PROFESSION : Aventurier ; pompier ; responsable financier des Quatre Fantastiques
BASE : New York
TAILLE : 1,78 m
POIDS : 77,11 kg
YEUX : Bleus
CHEVEUX : Blonds
ORIGINE : Mutant humain ; exposé au rayonnement cosmique.
POUVOIRS : La Torche peut contrôler l'énergie thermique, entourer son corps de plasma en feu, voler et lancer des flammes.

Johnny Storm crie « Flamme en avant ! » lorsqu'il se transforme en Torche.

Quand la Torche vole, il laisse des traces enflammées dans le ciel de New York.

UN AMI FLAMBOYANT

Quand ils veulent se parler, Spider-Man et la Torche se retrouvent au sommet de la statue de la Liberté. Durant la période où on a cru à la mort de la Torche, Spider-Man a pris sa place au sein des Quatre Fantastiques.

FACULTÉS

PROJECTION D'ÉNERGIE	FORCE	RÉSISTANCE	APTITUDE AU COMBAT	INTELLIGENCE	RAPIDITÉ
5	2	2	3	2	5

HYDRO-MAN

Hydro-Man a tenté de noyer Spider-Man dans les eaux de son corps, espérant enfermer le Tisseur dans une tombe aquatique.

Après avoir plongé accidentellement dans un générateur expérimental, le marin Morris Bench est devenu un être entièrement composé d'eau. Sous le nom d'Hydro-Man, il a intégré les Terrifics et le Sinistre Syndicat pour combattre Spider-Man. Il a même fusionné avec l'Homme-Sable pour devenir l'Homme-Boue.

EAU COURANTE
Hydro-Man est difficile à neutraliser, presque impossible à contenir, car il peut se reconstituer à partir d'une unique molécule. Il se sert de ses pouvoirs pour circuler dans les égouts de New York et tendre des embuscades à Spider-Man.

CARTE D'IDENTITÉ

VRAI NOM : Morris Bench
PROFESSION : Criminel professionnel
BASE : Mobile
TAILLE : 1,88 m
POIDS : 120 kg **YEUX :** Marron
CHEVEUX : Bruns
ORIGINE : Mutant humain ; poussé à la mer par Spider-Man alors qu'un générateur était immergé dans l'océan.
POUVOIRS : Hydro-Man peut transformer son corps, ou juste une partie, en substance aqueuse et peut émettre de puissants jets d'eau. Il peut aussi manipuler toutes les sources d'eau autour de lui.

FACULTÉS

PROJECTION D'ÉNERGIE	FORCE	RÉSISTANCE	APTITUDE AU COMBAT	INTELLIGENCE	RAPIDITÉ
6	5	6	5	2	5

ICEMAN (ICEBERG)

Grâce à son code génétique mutant, Bobby Drake a le pouvoir de contrôler la glace. Il est un membre fondateur des X-Men. Après la possession de son corps par son amie mutante, Emma Frost, Iceberg a découvert qu'il pouvait décupler sa puissance. Pendant un temps, Spider-Man a fait équipe avec Iceberg et une jeune héroïne, Firestar, pour former un trio qui luttait contre le crime.

Spider-Man et ses fabuleux amis Iceman et Firestar ont combattu les super-vilains en équipe.

CARTE D'IDENTITÉ

VRAI NOM : Robert Louis « Bobby » Drake
PROFESSION : Aventurier
BASE : Krakoa, océan Pacifique
TAILLE : 1,73 m
POIDS : 65,67 kg
YEUX : Bleus
CHEVEUX : Bruns
ORIGINE : Mutant
POUVOIRS : Iceberg peut geler tout ce qu'il touche. Il manipule la vapeur d'eau pour façonner des armes de glace et court sur les rampes de glace qu'il génère.

UNE RIVALITÉ GLACIALE
Lors de l'une de leurs premières rencontres, Spider-Man et Iceberg se sont affrontés, car ce dernier pensait que Spidey avait enlevé une femme innocente. Une fois réconciliés, ils ont sauvé Robbie Robertson d'un gang de malfrats.

FACULTÉS

PROJECTION D'ÉNERGIE	FORCE	RÉSISTANCE	APTITUDE AU COMBAT	INTELLIGENCE	RAPIDITÉ
5	3	4	4	2	3

INHERITORS
(LES HÉRITIERS)

Les Héritiers sont une famille de chasseurs qui se nourrissent des énergies vitales des humains ayant un lien avec les animaux, comme ceux bénéficiant des pouvoirs d'araignée. Contrôlant la Toile de la Vie et du Destin, ils ont accès à toutes les réalités possibles. Ils sont une menace pour les êtres dotés de capacités arachnéennes.

MEMBRES CLÉS

1. Morlun : s'intéresse particulièrement à la Terre-616, qui a subi de rares défaites grâce aux héros aux pouvoirs d'araignée.

2. Karn : paria de la famille depuis que son père, Solus, le juge responsable de la mort de son épouse.

3. Jennix : le scientifique du clan, adore faire des expériences dans son laboratoire.

4. Daemos : le plus puissant des Héritiers. Il est un ennemi redoutable.

5. Bora et Brix : jumeaux engagés dans une compétition permanente pour savoir lequel des deux chassera le plus de totems araignée.

6. Verna : privilégie la chasse avec ses « chiens de meute », des êtres sauvages qu'elle a capturés et soumis à sa volonté.

Le style vestimentaire des Héritiers reflète le fait qu'ils vivent depuis de nombreux siècles.

MORTELS IMMORTELS
Les Héritiers sont insensibles au vieillissement et à la maladie. Même quand ils meurent, ils peuvent revenir par le clonage, grâce aux compétences scientifiques avancées de Jennix. Cette solution compensatoire est supprimée lorsque les infrastructures de clonage sont détruites par les membres de la Spider-Armée.

IRON MAN

Le milliardaire Tony Stark, alias Iron Man, est un ingénieur de génie. Après avoir construit sa première armure afin de s'échapper d'une prison ennemie, il a créé bien d'autres tenues de combat en fonction de ses missions. Iron Man est un membre fondateur des Avengers et un mentor de Spider-Man.

Tony Stark est un grand inventeur et l'un des rares héros dont la vraie identité est plus célèbre que celle du super-héros qu'il incarne.

CARTE D'IDENTITÉ

VRAI NOM : Anthony Edward « Tony » Stark

PROFESSION : Aventurier ; inventeur ; ingénieur ; P.-D.G.

BASE : Montagne des Vengeurs, pôle Nord

TAILLE : 1,85 m

POIDS : 102,6 kg

YEUX : Bleus **CHEVEUX :** Noirs

ORIGINE : Humain ; anciennement cyborg.

POUVOIRS : L'armure d'Iron Man lui procure une robustesse et une endurance surhumaines. Ses bottes à réaction lui permettent de voler. Ses gants répulseurs envoient des tirs de feu et l'uni-rayon de sa poitrine projette des décharges énergétiques.

UNE NOUVELLE ARMURE

Tony Stark a offert une « spider-armure », basée sur le design des créations d'Iron Man, à Spider-Man. Plus tard, des copies du costume blindé ont été fournies au groupe d'intervention gouvernemental les Scarlet Spiders.

FACULTÉS

PROJECTION D'ÉNERGIE	FORCE	RÉSISTANCE	APTITUDE AU COMBAT	INTELLIGENCE	RAPIDITÉ
6	6	6	4	6	5

Lorsque Jameson a été élu maire, Spider-Man a compris qu'il allait subir encore plus de harcèlement qu'auparavant.

J. JONAH JAMESON JR.

Même les pires ennemis de Spider-Man ne semblent pas autant motivés par sa chute que J. Jonah Jameson. L'ancien rédacteur en chef du *Daily Bugle* est convaincu que le super-héros est un danger public. Pendant des années, il a dirigé une campagne de diffamation contre Spider-Man, ignorant que, sous les traits de Peter Parker, il travaillait pour lui.

J. Jonah Jameson pense que Spidey cherche la gloire à tout prix.

J. Jonah Jameson dirige en montrant l'exemple, il est celui qui travaille le plus au *Daily Bugle*.

MONSIEUR LE MAIRE
Se croyant le meilleur candidat pour le poste, J. Jonah Jameson a quitté le *Daily Bugle* pour se présenter à la mairie de New York. Il a remporté les élections, et l'un de ses premiers actes a été de créer une unité de police anti-Spider-Man.

CARTE D'IDENTITÉ

VRAI NOM : John Jonah Jameson Junior
PROFESSION : Animateur radio ; ancien maire de New York ; rédacteur en chef du *Daily Bugle*
BASE : New York
TAILLE : 1,80 m
POIDS : 82 kg
YEUX : Bleus
CHEVEUX : Noirs, gris aux tempes
ORIGINE : Humain
POUVOIRS : Sa forte personnalité fait de Jameson un redoutable patron et un adversaire tenace. C'est un as de la manipulation médiatique.

FACULTÉS

PROJECTION D'ÉNERGIE	FORCE	RÉSISTANCE	APTITUDE AU COMBAT	INTELLIGENCE	RAPIDITÉ
1	2	2	3	3	2

J. JONAH JAMESON SR.

Père de l'irascible rédacteur du *Daily Bugle*, J. Jonah « Jay » Jameson est un grand admirateur de Spider-Man, car ce dernier l'a sauvé lors de son arrivée à New York. Ce n'est pas le seul désaccord entre le père et le fils, puisque Jay Jameson a quitté sa famille alors que Jonah était encore enfant. Après son retour à New York, Jay a pu se réconcilier avec son fils.

Quand Jay a rencontré May Parker, ils sont tombés amoureux et se sont mariés, incluant les deux ennemis Peter Parker et Jonah Jameson dans une même famille.

CARTE D'IDENTITÉ
VRAI NOM : John Jonah « Jay » Jameson Senior
PROFESSION : Retraité ; homme d'affaires
BASE : New York
TAILLE : 1,73 m **POIDS :** 67 kg
YEUX : Marron
CHEVEUX : Blancs
ORIGINE : Humain ; père de J. Jonah Jameson Junior.
POUVOIRS : Jay n'a pas de super-pouvoirs, mais en tant qu'ancien militaire américain, il a une formation au combat.

Jay Jameson était autrefois dans l'armée américaine et a été déployé pendant la guerre de Corée.

Il aimait beaucoup Peter Parker, le neveu de sa femme, en qui il avait toute confiance.

DES CHOIX DIFFICILES
Quand Jay Jameson est tombé gravement malade, on a offert à sa famille la chance d'un nouveau traitement proposé par la Technologie du Nouvel Univers. Ne faisant pas confiance à cette entreprise, Peter a conseillé à Jay de s'en tenir à des méthodes éprouvées. Ce dernier est donc mort à l'hôpital. Suite au décès de son père, Jonah en a d'abord voulu à Peter, mais il a ensuite découvert que la Technologie du Nouvel Univers, dirigée par le Chacal, était dangereuse.

FACULTÉS

PROJECTION D'ÉNERGIE	FORCE	RÉSISTANCE	APTITUDE AU COMBAT	INTELLIGENCE	RAPIDITÉ
1	1	1	1	3	1

JACK O'LANTERN

J

Spidey utilise ses toiles pour arrêter l'extravagant vilain, mais Jack O'Lantern est trop bien entraîné pour tomber dans son piège.

L'ex-agent de la CIA Jason Macendale a pris l'identité du mercenaire costumé Jack O'Lantern à tête de citrouille enflammée. Quand Jason est devenu le nouveau Super-Bouffon, le nom de Jack O'Lantern a été adopté par d'autres porteurs, dont Steve Levins. Ce dernier a pu revenir d'entre les morts deux fois : la première avec l'aide de Lucifer, et la seconde quand il a été cloné par le Chacal.

Ses grenades répandent de la fumée ou des gaz toxiques.

Ses gants tirent des rayons d'énergie.

UN TUEUR
L'actuel Jack O'Lantern est un assassin anonyme qui utilise des armes et des véhicules semblables à ceux du Bouffon Vert. Son entraînement poussé et son absence de pitié le rendent encore plus dangereux que les incarnations précédentes.

CARTE D'IDENTITÉ
VRAI NOM : Steven Mark « Steve » Levins
PROFESSION : Chasseur de primes pour Méphisto ; ancien criminel professionnel
BASE : Mobile
TAILLE : 1,83 m
POIDS : 90,72 kg
YEUX : Flammes
CHEVEUX : Aucun
ORIGINE : Humain ayant vendu son âme à Méphisto par ambition.
POUVOIRS : Steve Levins peut se transformer en démon, s'octroyant endurance, robustesse et capacité de contrôler le feu.

FACULTÉS

PROJECTION D'ÉNERGIE	FORCE	RÉSISTANCE	APTITUDE AU COMBAT	INTELLIGENCE	RAPIDITÉ
3	2	3	3	2	2

J JACKAL (LE CHACAL)

Le professeur de biologie Miles Warren a percé les secrets du clonage humain. Profondément investi dans ses expérimentations, il s'est transformé en Chacal. Il a créé l'horrible Carrion, le repenti tardif Kaine et le double de Peter Parker, nommé Ben Reilly (Scarlet Spider).

Le Chacal a connu Peter Parker à l'université et connaît, sur Spidey, des informations pour lesquelles les autres super-vilains seraient prêts à tuer.

CARTE D'IDENTITÉ

VRAI NOM : Miles Warren
PROFESSION : Scientifique ; ancien professeur de biochimie
BASE : New York
TAILLE : 1,78 m
POIDS : 79,38 kg
YEUX : Verts
CHEVEUX : Gris (aucun en Chacal)
ORIGINE : Mutant humain
POUVOIRS : Son génie scientifique et sa connaissance du clonage lui ont permis d'acquérir une force surhumaine. Ses griffes sont acérées et enduites de poison ; les bombes à gaz sont ses armes préférées.

À l'origine entièrement humain, le Chacal s'est progressivement transformé en monstre.

SCIENCE DÉMENTE
Le Chacal est un généticien brillant, mais dérangé. En plus de ses expériences démentes, il a répandu les pouvoirs de Spider-Man dans la ville de New York en créant un virus transmis par des punaises de lit. Il a infecté tous les habitants de Manhattan, semant le chaos.

FACULTÉS	PROJECTION D'ÉNERGIE	FORCE	RÉSISTANCE	APTITUDE AU COMBAT	INTELLIGENCE	RAPIDITÉ
	1	4	3	3	4	2

JEAN DEWOLFF

Jean DeWolff a toujours écouté Spider-Man, même quand ses collègues n'étaient pas d'accord. Après avoir reçu des informations du héros, elle envoyait ses hommes pour enquêter.

La capitaine de police Jean DeWolff aimait les voitures et les vêtements des années 1930, ce qui lui donnait un style à part. Elle se démarquait de ses collègues en apportant son soutien à Spider-Man. Malheureusement, elle a été tuée par le Rédempteur, laissant Spidey attristé par la perte de sa précieuse alliée.

Son attitude franche lui a permis de gravir rapidement les échelons.

Elle avait une passion excentrique pour les tenues d'époque.

UNE VIE DE SERVICE
Le père exigeant de Jean DeWolff l'a poussée à rejoindre la police. Elle était pressentie pour devenir commissaire, jusqu'à ce que le Rédempteur mette brutalement fin à sa carrière prometteuse. Spider-Man et Daredevil se sont associés pour enquêter sur son meurtre.

CARTE D'IDENTITÉ
VRAI NOM : Jean DeWolff
PROFESSION : Capitaine de la 37e circonscription ; policière
BASE : 37e circonscription, New York
TAILLE : 1,73 m
POIDS : 61,23 kg
YEUX : Bleus
CHEVEUX : Blonds
ORIGINE : Humaine
POUVOIRS : La capitaine DeWolff a reçu une formation d'officier de police, y compris pour les enquêtes sur scènes de crime, le combat à mains nues et l'utilisation d'armes à feu.

FACULTÉS

PROJECTION D'ÉNERGIE	FORCE	RÉSISTANCE	APTITUDE AU COMBAT	INTELLIGENCE	RAPIDITÉ
1	2	2	3	2	2

J JEFF MORALES

Jeff Davis est un ancien petit criminel qui a abandonné cette vie pour servir la loi, à la fois au sein de la police judiciaire de New York et du S.H.I.E.L.D. Son mariage avec Rio Morales lui a permis de comprendre qu'il valait mieux que son passé criminel. La naissance de leur fils Miles a été une motivation supplémentaire pour se surpasser. Lorsque Jeff a découvert que son fils était un super-héros, il a tout fait pour le soutenir et le protéger.

Une rencontre avec Venom sur la Terre-1610 a brisé la famille Morales, mais tout s'est arrangé sur la Terre-610.

CARTE D'IDENTITÉ

VRAI NOM : Jeff Morales (anciennement Davis)
PROFESSION : Policier
BASE : Brooklyn, New York
TAILLE : 1,83 m
POIDS : 82 kg
YEUX : Marron
CHEVEUX : Aucun
ORIGINE : Humain, originaire de la Terre-1610.
POUVOIRS : Jeff n'a pas de super-pouvoirs, mais il est formé au combat armé et à mains nues.

UNE VIE SECRÈTE
Jeff a accepté de rejoindre le S.H.I.E.L.D. quand il a compris que l'organisation pourrait l'aider à veiller sur son fils, Miles. Son mariage a été mis à rude épreuve alors qu'il n'a rien révélé de leur double vie secrète à sa femme bien-aimée, Rio.

FACULTÉS

PROJECTION D'ÉNERGIE	FORCE	RÉSISTANCE	APTITUDE AU COMBAT	INTELLIGENCE	RAPIDITÉ
1	2	1	3	2	1

John Jameson a épousé Miss Hulk à Las Vegas. Leur union a ensuite été annulée.

JOHN JAMESON

Le colonel John Jameson, pilote d'essai et astronaute de la NASA, est un héros plus puissant que Spider-Man : c'est du moins ce qu'affirme son père, J. J. Jameson du *Daily Bugle*. John n'a jamais rien dit de tel pour sa part, car il a un profond respect pour le Tisseur. Il est un médiateur entre ces deux antagonistes.

ASTRONAUTE MODIFIÉ
L'exposition à des virus extra-atmosphériques a conduit Jameson à vivre une série d'étranges mutations. Il a d'abord manifesté une force incroyable, à tel point qu'il a été obligé de porter une combinaison spatiale pour la contenir. Plus tard, dans sa plus célèbre métamorphose, il est devenu un loup-garou baptisé l'Homme-Loup.

CARTE D'IDENTITÉ

VRAI NOM : John Jameson III
PROFESSION : Colonel de l'armée de l'air des États-Unis
BASE : Mobile
TAILLE : 1,88 m
POIDS : 90,72 kg
YEUX : Marron
CHEVEUX : Bruns
ORIGINE : Mutant humain ; a contracté un virus extraterrestre qui l'a transformé en Homme-Loup.
POUVOIRS : En Homme-Loup, Jameson possède force et vitesse surhumaines, agilité, endurance, robustesse. Il a des sens aiguisés, des dents et griffes acérées, et peut survivre sans air, nourriture, sommeil ou eau.

FACULTÉS

PROJECTION D'ÉNERGIE	FORCE	RÉSISTANCE	APTITUDE AU COMBAT	INTELLIGENCE	RAPIDITÉ
1	2	2	3	3	2

KAINE

Alors qu'il cherchait à créer le sosie parfait de Peter Parker, le Chacal a donné naissance à un justicier obsessionnel, Kaine. Ce dernier a le visage couvert de cicatrices. En touchant ses ennemis, il leur appose la « marque de Kaine ». Tué par les descendants de Kraven le Chasseur, il a été ressuscité par le Chacal. Chassé par les Héritiers et sacrifié à nouveau, il est revenu une fois de plus pour assister à leur défaite finale.

Kaine et Spider-Man n'ont pas toujours été alliés. Bien plus déséquilibré que l'autre clone de Peter, Ben Reilly, Kaine a eu une existence difficile.

CARTE D'IDENTITÉ
VRAI NOM : Kaine Parker
PROFESSION : Aventurier ; justicier
BASE : Mobile
TAILLE : 1,93 m
POIDS : 113,4 kg
YEUX : Marron
CHEVEUX : Bruns
ORIGINE : Mutant humain ; clone de Peter Parker.
POUVOIRS : Kaine détient les capacités surhumaines de Spider-Man et diffuse une énergie brûlante avec ses mains. Son sens d'araignée est déficient, mais lui permet d'entrevoir l'avenir.

UN DESTIN PERSONNEL
Kaine a fait de nombreuses tentatives pour sortir de l'ombre de Peter Parker. Après avoir aidé à stopper la propagation du spider-virus à New York, Kaine a déménagé à Houston, au Texas. Là, du moins pour un temps, il a trouvé sa véritable place de super-héros.

FACULTÉS

PROJECTION D'ÉNERGIE	FORCE	RÉSISTANCE	APTITUDE AU COMBAT	INTELLIGENCE	RAPIDITÉ
1	4	3	4	4	3

KANGAROO (LE KANGOUROU)

Mysterio a employé Brian et d'autres vilains au sein de l'équipe de production d'un film qu'il faisait avec Mary Jane Watson.

Brian Hibbs, un criminel connu sous le nom de Kangourou, est équipé d'une armure dotée d'un canon dans sa poche ventrale et d'une queue capable de détruire des murs. Kangourou s'est ensuite allié avec d'autres vilains, tels que la Tache, le Grizzly et le Gibbon.

LE NOUVEAU KANGOUROU
Le Kangourou s'est inspiré d'un autre super-vilain, un Australien bagarreur (peut-être mutant), lui aussi baptisé Kangourou. Hibbs utilise quant à lui un équipement mécanique pour compenser son absence de super-pouvoirs.

CARTE D'IDENTITÉ
VRAI NOM : Brian Hibbs
PROFESSION : Mercenaire ; ancien criminel
BASE : Australie
TAILLE : Variable
POIDS : Variable
YEUX : Marron
CHEVEUX : Blonds
ORIGINE : Humain
POUVOIRS : Son armure lui confère une force surhumaine et la faculté d'effectuer des sauts prodigieux. Elle comporte aussi une queue préhensile et un canon ventral.

FACULTÉS

PROJECTION D'ÉNERGIE	FORCE	RÉSISTANCE	APTITUDE AU COMBAT	INTELLIGENCE	RAPIDITÉ
1	4	3	2	1	3

K KARN

Blâmé pour la mort de sa mère alors qu'il n'avait pu se résoudre à tuer le Maître Tisseur, Karn a été chassé par sa famille, les Héritiers, pendant plusieurs siècles. Obligé de porter un masque pour cacher sa honte, il est partagé entre l'envie de renouer avec son père ou celle de suivre une voie moins violente.

Karn renonce finalement à sa famille et choisit de lutter contre elle aux côtés des justiciers de la Spider-Armée.

CARTE D'IDENTITÉ
VRAI NOM : Karn
PROFESSION : Ancien chasseur ; protecteur de la Toile de la Vie et du Destin
BASE : Monde du Tisseur, Terre-001
TAILLE : Variable
POIDS : Variable
YEUX : Marron
CHEVEUX : Blonds
ORIGINE : Fils de Solus et membre des Héritiers, une super-famille qui chasse les totems animaliers.
POUVOIRS : Karn possède super-force, vitesse, endurance, robustesse, agilité et réflexes. Il est aussi immortel.

MAÎTRE TISSEUR
Quand Karn est devenu le Maître Tisseur, sa première action a été de réparer les fils de la Toile de la Vie et du Destin détruits par le Spider-Man supérieur (Otto Octavius). Cependant, son temps de protecteur de la toile prend violemment fin à cause de sa sœur, Verna.

FACULTÉS

PROJECTION D'ÉNERGIE	FORCE	RÉSISTANCE	APTITUDE AU COMBAT	INTELLIGENCE	RAPIDITÉ
3	4	7	4	2	2

KINDRED (L'ÂME SŒUR)

Méphisto avait prévu que, pendant un temps, l'Âme Sœur ferait croire aux gens que Harry Osborn était derrière le masque.

Gabriel et Sarah Stacy ont été créés par une IA conçue à partir de Harry Osborn, en utilisant l'ADN de leur père, Norman, et celui de Gwen Stacy. Plus tard, ils ont été refaçonnés par Méphisto, qui leur a attribué des pouvoirs démoniaques pour donner naissance à une nouvelle entité, l'Âme Sœur. On a cru que l'Âme Sœur était un seul être, alors qu'elle est double. Sa vocation : torturer Spider-Man sans relâche.

La version de l'Âme Sœur est déterminée par la couleur du costume porté par les jumeaux : marron pour Gabriel, violet pour Sarah.

L'Âme Sœur est toujours accompagnée par différents invertébrés, dont des mille-pattes.

CARTE D'IDENTITÉ

VRAI NOM : Gabriel et Sarah Stacy
PROFESSION : Démons **BASE :** Mobile
TAILLE : Variable **POIDS :** Variable
YEUX : Rouges **CHEVEUX :** Aucun
ORIGINE : Humains, génétiquement modifiés, affectés par la formule du Bouffon ; ayant reçu plus tard des pouvoirs démoniaques de Méphisto.
POUVOIRS : Les capacités de l'Âme Sœur incluent la résurrection des morts et la faculté d'en posséder d'autres. L'Âme Sœur est aussi super-résistante et endurante.

FORMULE ANTI-ÂGE
Lorsque les jumeaux ont été créés, l'ADN de la formule du Bouffon renforcée dans le sang de Norman Osborn a eu un effet inattendu de vieillissement ultra-rapide. Les jumeaux se sont retrouvés dans un cycle de mort et de résurrection qui a pris fin grâce à Méphisto : leur transformation en Âme Sœur a stoppé la dégénérescence accélérée.

FACULTÉS

PROJECTION D'ÉNERGIE	FORCE	RÉSISTANCE	APTITUDE AU COMBAT	INTELLIGENCE	RAPIDITÉ
1	4	5	3	3	3

KINGPIN (LE CAÏD)

Chef de la pègre new-yorkaise, le Caïd domine tous les autres criminels, éliminant ses rivaux et se faisant des ennemis dans le syndicat du crime, la Maggia. Il a vécu une tragédie personnelle suite à la mort de sa femme Vanessa et de leur fils Richard. Le Caïd est l'un des ennemis les plus puissants de Spider-Man, et il a impitoyablement ciblé les proches de Peter Parker, qu'il prétend respecter.

Même avec sa super-force, Spidey a parfois du mal à avoir le dessus sur le Caïd.

CARTE D'IDENTITÉ

VRAI NOM : Wilson Grant Fisk
PROFESSION : Grand criminel ; ancien maire de New York
BASE : New York
TAILLE : 2,01 m
POIDS : 204,12 kg
YEUX : Bleus
CHEVEUX : Chauve
ORIGINE : Humain
POUVOIRS : Le Caïd possède un brillant esprit criminel et de redoutables compétences au combat en corps-à-corps. Il dispose d'une solide constitution physique, tout en muscles.

INTOUCHABLE
Le Caïd est plus rusé que la plupart des autres adversaires de Spider-Man. Le super-héros a déjà dû renoncer à l'arrêter car il ne disposait pas de preuves suffisantes pour l'envoyer sous les verrous pour de bon.

FACULTÉS

PROJECTION D'ÉNERGIE	FORCE	RÉSISTANCE	APTITUDE AU COMBAT	INTELLIGENCE	RAPIDITÉ
1	3	2	5	3	6

KRAVEN THE HUNTER
(KRAVEN LE CHASSEUR)

Kraven a dressé de nombreux animaux, dont des léopards, des tigres et d'autres félins prédateurs.

Sergei Kravinoff voulait devenir le plus grand chasseur de tous les temps. Pour cela, il devait vaincre Spider-Man. Devenu Kraven le Chasseur, il a traqué le Tisseur sans répit. Après sa mort, il a été ressuscité par sa famille. Depuis, Kraven est maudit en raison de son immortalité, à laquelle seul Spider-Man pourrait mettre fin.

CARTE D'IDENTITÉ

VRAI NOM : Sergei Nikolaievitch Kravinoff
PROFESSION : Chasseur ; mercenaire
BASE : Terre Sauvage, Antarctique
TAILLE : 1,83 m
POIDS : 106,59 kg
YEUX : Marron
CHEVEUX : Noirs
ORIGINE : Mutant humain ; renforcé par des élixirs magiques.
POUVOIRS : Kraven est un traqueur et un chasseur expert. Sa force et son endurance ont été augmentées, et il a une durée de vie illimitée.

UNE FIN ET UN RECOMMENCEMENT

Lors de ce qu'il a considéré comme sa « dernière chasse », Kraven a enfin vaincu Spider-Man, puis il s'est donné la mort. Sa femme, Sacha Kravinoff, a alors rassemblé la famille pour chasser les alliés de Spider-Man et pratiquer un rituel mystique visant à ressusciter Kraven.

FACULTÉS

PROJECTION D'ÉNERGIE	FORCE	RÉSISTANCE	APTITUDE AU COMBAT	INTELLIGENCE	RAPIDITÉ
1	4	3	6	3	3

L LADY OCTOPUS

Carolyn Trainer, la fille du scientifique Seward Trainer, a grandi avec l'idée qu'il n'y a rien de plus important que la recherche scientifique. Même si elle a hérité des capacités de son père, elle lui en a voulu de l'avoir négligée. D'abord assistante dans le laboratoire du Docteur Octopus, Carolyn a emprunté ses tentacules et son identité à la mort de celui-ci. Lorsque Octavius a été ressuscité, elle a pris le nom de Lady Octopus.

Carolyn Trainer a été recrutée par le Docteur Octopus en tant que spécialiste de la réalité virtuelle. Elle a utilisé ses compétences avancées pour créer une copie de son esprit, qu'elle a stockée sur des fichiers informatiques à réactiver en cas de besoin.

CARTE D'IDENTITÉ

VRAI NOM : Carolyn Trainer
PROFESSION : Super-vilaine
BASE : New York
TAILLE : 1,78 m
POIDS : 63,5 kg
YEUX : Marron
CHEVEUX : Bruns
ORIGINE : Humaine ; a acquis un ensemble de tentacules robotisés comme ceux du Docteur Octopus.
POUVOIRS : Contrôle psionique du harnais des tentacules en métal, lui conférant super-force et vitesse, champ de force individuel et capacité d'interagir directement avec des systèmes informatiques.

Soucieuse de sa santé, Lady Octopus a adopté une alimentation bio et végane.

Ses tentacules, qu'elle contrôle mentalement, ont de multiples fonctions. Lady Octopus peut aussi générer un champ de force.

GÉNIE DU MAL
Lady Octopus a été élevée dans la vénération des sciences et de la technologie. Elle a consacré sa vie à la poursuite de l'excellence dans divers domaines, en particulier en informatique. Multidiplômée, elle a développé la théorie du clonage de la mémoire héréditaire. Comme le Docteur Octopus, elle utilise son génie pour faire le mal.

FACULTÉS

PROJECTION D'ÉNERGIE	FORCE	RÉSISTANCE	APTITUDE AU COMBAT	INTELLIGENCE	RAPIDITÉ
3	3	4	3	5	4

LEAP-FROG
(L'HOMME-GRENOUILLE)

L'Homme-Grenouille ne s'est jamais considéré comme un vilain dangereux. Lorsque Spidey apparaît, il préfère s'enfuir.

L'inventeur manqué Vinnie Patilio est devenu un criminel quand il a découvert que ses ressorts électriques lui permettaient de sauter par-dessus les toits. Vêtu d'un costume d'amphibien, il est devenu l'Homme-Grenouille et a combattu Daredevil et Spidey. Il n'est pas très menaçant mais espère devenir, un jour, un grand criminel.

TRADITION FAMILIALE
L'Homme-Grenouille a un fils, Frog-Man, qui est l'un des plus grands fans de Spider-Man. Invité par Vinnie Patilio, le Tisseur a déjà passé une soirée avec eux. Après le dîner, l'Homme-Grenouille et Frog-Man ont aidé Spidey à capturer le Lapin Blanc.

CARTE D'IDENTITÉ
VRAI NOM : Vincent Patilio
PROFESSION : Inventeur
BASE : New York
TAILLE : 1,75 m
POIDS : 77,11 kg
YEUX : Marron
CHEVEUX : Bruns
ORIGINE : Humain
POUVOIRS : L'Homme-Grenouille peut faire de très grands bonds avec les ressorts électriques intégrés à ses bottes. Son costume est un exosquelette qui amplifie sa force.

FACULTÉS

PROJECTION D'ÉNERGIE	FORCE	RÉSISTANCE	APTITUDE AU COMBAT	INTELLIGENCE	RAPIDITÉ
1	3	3	2	4	3

LIGHTMASTER
(LE MAÎTRE DE LA LUMIÈRE)

Excédé par les coupes budgétaires, le professeur de physique Edward Lansky est devenu le Maître de la Lumière. Une combinaison spéciale lui permet d'absorber et d'émettre des photons. Il s'est allié avec Kraven le Chasseur et la Tarentule pour faire pression sur des fonctionnaires municipaux afin qu'ils financent des programmes universitaires. Spider-Man l'a fait arrêter mais, dès sa sortie de prison, le vilain a rejoint une nouvelle équipe, les Maîtres du Mal.

Le Maître de la Lumière a été sauvé par sa fille, Selah (alias Sun Girl), après avoir été blessé dans un affrontement avec les Superior Six.

CARTE D'IDENTITÉ
VRAI NOM : Edward Lansky
PROFESSION : Ancien professeur et vice-président de l'Empire State University
BASE : New York
TAILLE : 1,80 m
POIDS : 79,38 kg
YEUX : Marron
CHEVEUX : Bruns
ORIGINE : Humain mutant ; transformé en être de lumière après un accident avec sa combinaison.
POUVOIRS : Il peut absorber ou générer de la lumière, créer des objets solides en lumière et voler. Il est aussi immunisé contre la télépathie.

EXTINCTION DES FEUX
Un accident a transformé le Maître de la Lumière en un être entièrement composé d'énergie. Il a tenté à plusieurs reprises de retrouver sa forme physique, avant d'y parvenir grâce à Quasar et Spider-Man. Depuis, le Maître de la Lumière a conçu une tenue pour récupérer ses pouvoirs et retourner vers le crime.

FACULTÉS

PROJECTION D'ÉNERGIE	FORCE	RÉSISTANCE	APTITUDE AU COMBAT	INTELLIGENCE	RAPIDITÉ
6	2	7	2	5	6

LIVING BRAIN
(LE CERVEAU VIVANT)

L

Le premier Cerveau Vivant, révolutionnaire pour son époque, a été amélioré au fil des années pour rester performant au niveau de son processeur.

Grâce à son intelligence artificielle, le Cerveau Vivant est capable de répondre à n'importe quelle question, y compris à « Qui est Spider-Man ? ». Heureusement pour Peter Parker, quand le robot est venu dans son lycée, il s'est déréglé avant de pouvoir révéler ses conclusions. Plus tard, il a été capturé par le Spider-Man supérieur (Otto Octavius) et reprogrammé pour être assistant de laboratoire à Parker Industries.

Le Cerveau Vivant actuel a été fabriqué par Anna Maria Marconi.

Peut s'autoréparer grâce à des nanorobots stockés en lui.

PRÉCIEUX MATÉRIEL
Depuis sa première apparition au lycée de Midtown High, le Cerveau Vivant a été équipé d'un synthétiseur vocal et d'un nouveau processeur. Récemment, il est devenu membre des Sinister Six, son intelligence surdéveloppée lui permettant de calculer les probabilités de succès et les possibilités de fuite. Octavius l'a adopté comme réceptacle de sa conscience après sa mort.

CARTE D'IDENTITÉ
VRAI NOM : Aucun
PROFESSION : Ordinateur
BASE : Parker Industries
TAILLE : 1,98 m
POIDS : 362,87 kg
YEUX : Jaunes
CHEVEUX : Aucun
ORIGINE : Robot
POUVOIRS : L'intelligence du Cerveau Vivant dépasse celle de n'importe quel humain. Il n'oublie rien. Il se bat en faisant tournoyer ses bras et son corps.

FACULTÉS

PROJECTION D'ÉNERGIE	FORCE	RÉSISTANCE	APTITUDE AU COMBAT	INTELLIGENCE	RAPIDITÉ
1	5	7	4	6	4

L LIZ ALLAN

Liz Allan était une des étudiantes les plus populaires du lycée de Midtown High, contrairement au timide Peter Parker. Liz a vite su reconnaître la valeur du jeune homme et tous deux sont devenus amis. Elle a longtemps aidé son demi-frère, Mark Raxton alias l'Homme de Métal, et demeure une alliée précieuse pour Spider-Man.

La personne la plus importante aux yeux de Liz est son fils, Normie. Elle espère le voir lui succéder à la tête de son entreprise.

CARTE D'IDENTITÉ
VRAI NOM : Elizabeth « Liz » Allan
PROFESSION : P.-D.G. d'Alchemax
BASE : Tour Alchemax, New York
TAILLE : 1,75 m
POIDS : 61,23 kg
YEUX : Bleus
CHEVEUX : Blonds
ORIGINE : Humaine
POUVOIRS : Liz est une cheffe d'entreprise de talent, expérimentée dans les affaires internationales. Ses rencontres fréquentes avec les super-vilains ont développé chez elle des aptitudes au combat supérieures à la moyenne.

Liz a fait une carrière brillante dans les sciences et la recherche industrielle.

AFFAIRES DE FAMILLE
Liz Allan a épousé Harry Osborn. Ils ont eu un fils, Normie (baptisé ainsi en hommage au père de Harry, Norman Osborn). Habituée à la fortune et au pouvoir, elle a dirigé, pendant un temps, l'empire financier Osborn. Depuis, elle a pris le contrôle de son entreprise familiale, Allan Chemical, et l'a fusionnée avec Horizon Labs pour donner naissance à une nouvelle société, Alchemax.

FACULTÉS

PROJECTION D'ÉNERGIE	FORCE	RÉSISTANCE	APTITUDE AU COMBAT	INTELLIGENCE	RAPIDITÉ
1	2	2	2	2	2

Quand le cerveau primal et reptilien du Lézard prend le contrôle, Connors ne reconnaît plus son ami Spider-Man et n'éprouve aucune pitié.

LIZARD (LE LÉZARD)

La formule secrète de Dr Curt Connors, basée sur l'ADN de reptile, lui a permis de faire repousser son bras amputé. Mais elle l'a aussi transformé en son horrible alter ego, le Lézard ! Spider-Man l'a tout d'abord combattu dans les Everglades en Floride, mais le monstre l'a suivi à New York, où ils se sont bien souvent affrontés.

Son épaisse peau de reptile est difficile à percer.

Avec ou sans leur costume, Spidey et le Lézard se connaissent depuis longtemps.

MUSELER LE PRÉDATEUR
Curt Connors est parfois l'ami de Spider-Man, mais uniquement lorsqu'il est capable de garder son côté animal sous contrôle. Le Lézard s'est allié au Docteur Octopus pour voler le bébé de Lily Hollister. Mais quand Connors a repris le contrôle de lui-même, il a remis l'enfant à Spider-Man.

CARTE D'IDENTITÉ

VRAI NOM : Curtis « Curt » Connors
PROFESSION : Professeur universitaire ; chercheur en biogénétique
BASE : Empire State University, New York
TAILLE : 1,80 m (Connors) ; 2,03 m (Lézard)
POIDS : 79,38 kg (Connors) ; 249,48 kg (Lézard)
YEUX : Bleus (rouges en Lézard)
CHEVEUX : Bruns (aucun en Lézard)
ORIGINE : Mutant humain
POUVOIRS : Le Lézard peut s'accrocher aux murs et contrôler les reptiles par télépathie. Il a une force et une vitesse surhumaines ainsi que des dents tranchantes.

FACULTÉS

PROJECTION D'ÉNERGIE	FORCE	RÉSISTANCE	APTITUDE AU COMBAT	INTELLIGENCE	RAPIDITÉ
1	4	5	2	5	3

L

LOOTER (LE PILLEUR)

Scientifique déchu, Norton Fester a enfin eu de la chance le jour où le météore qu'il étudiait a libéré un nuage de gaz étrange. C'est ainsi qu'il a acquis sa forme physique surhumaine. Il s'est aussitôt mis à voler des tickets de loterie gagnants sous le nom du Pilleur. Heureusement, Spider-Man est toujours là pour l'arrêter.

Plus récemment, le Pilleur a pris le nom d'Homme-Météore. Une fois son forfait accompli, il utilise des ballons pour s'enfuir.

CARTE D'IDENTITÉ

VRAI NOM : Norton G. Fester
PROFESSION : Criminel professionnel ; ancien scientifique
BASE : New York
TAILLE : 1,75 m
POIDS : 68,04 kg
YEUX : Marron
CHEVEUX : Bruns
ORIGINE : Mutant humain ; exposé à un mystérieux gaz interstellaire.
POUVOIRS : Le Pilleur possède une force surhumaine et peut survivre à des chutes de grande hauteur. Il utilise une variété de gadgets de son invention, dont un pistolet lumineux aveuglant.

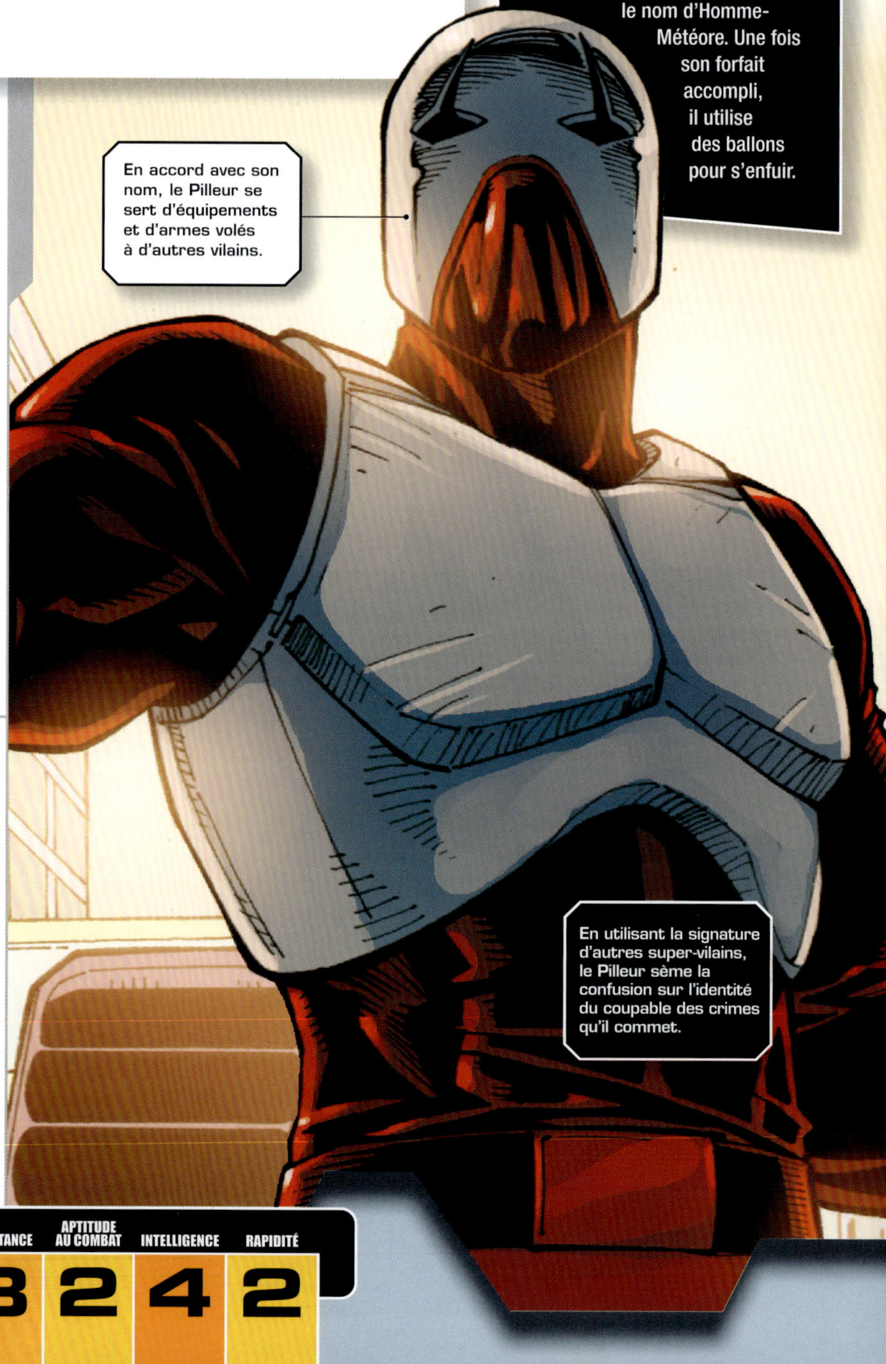

En accord avec son nom, le Pilleur se sert d'équipements et d'armes volés à d'autres vilains.

En utilisant la signature d'autres super-vilains, le Pilleur sème la confusion sur l'identité du coupable des crimes qu'il commet.

PRÉCIEUX TRÉSORS
Pour conserver ses capacités physiques, le Pilleur a besoin de météores spéciaux. Les trouver est donc devenu son obsession. Cette recherche incessante de météores a permis à Spider-Man de définir les habitudes du vilain et d'anticiper ses délits.

FACULTÉS

PROJECTION D'ÉNERGIE	FORCE	RÉSISTANCE	APTITUDE AU COMBAT	INTELLIGENCE	RAPIDITÉ
1	4	3	2	4	2

Sur le terrain, Luke Cage est un excellent chef et il met ce talent au service des Nouveaux Avengers.

LUKE CAGE

Incarcéré pour un crime qu'il n'a pas commis, Luke Cage a été la victime, en prison, d'une expérience qui lui a donné une force et une endurance surhumaines, ainsi qu'une peau à l'épreuve des balles. Devenu Power Man, il a fondé les « Héros à Louer » avec Iron Fist. Luke et Spider-Man s'entraident souvent pour maintenir la sécurité à New York.

Presque indestructible, il préfère le combat au corps-à-corps.

UN PUISSANT ALLIÉ

Plus tard, Luke a abandonné l'identité de Power Man et rejoint les Nouveaux Avengers en même temps que Spider-Man. Tous deux ont souvent combattu côte à côte et même repoussé une invasion extraterrestre.

CARTE D'IDENTITÉ

VRAI NOM : Luke Cage
PROFESSION : Aventurier ; justicier
BASE : Gem Theater, New York
TAILLE : 1,98 m
POIDS : 192,78 kg
YEUX : Marron
CHEVEUX : Noirs (rasés)
ORIGINE : Mutant humain ; il a acquis ses pouvoirs lors d'une expérience scientifique.
POUVOIRS : Grâce à un sérum similaire à celui de Captain America, Luke Cage détient force surhumaine, endurance et robustesse. Athlète complet, il a appris seul la technique du combat à mains nues.

FACULTÉS

PROJECTION D'ÉNERGIE	FORCE	RÉSISTANCE	APTITUDE AU COMBAT	INTELLIGENCE	RAPIDITÉ
1	4	5	4	3	2

L LYLA LYRATE LIFEFORM APPROXIMATION

Lyla est l'assistante holographique personnelle de Miguel O'Hara, le Spider-Man de 2099, et l'une des rares entités en qui il a confiance. Elle a accès à une immense gamme de systèmes d'information et de communication, et peut créer des projections holographiques impossibles à différencier de la réalité. Cette capacité s'étend à la création d'illusions de « vêtements » pour Miguel, par-dessus son costume d'araignée, de sorte qu'il peut devenir Spider-Man à tout instant.

Lyla a aidé à vaincre le Scorpion en créant une illusion pour le faire ressembler à Spider-Man (Peter Parker). Trompés, des robots Anti-Araignées l'ont pris pour cible.

CARTE D'IDENTITÉ

VRAI NOM : LYrate Lifeform Approximation
PROFESSION : Assistante personnelle
BASE : Nueva York, Terre-928
TAILLE : Variable
POIDS : 0 kg **YEUX :** Jaunes
CHEVEUX : Blonds
ORIGINE : Intelligence artificielle ; créée sur la Terre-928 (possible futur de la Terre-1610) en tant qu'assistante de Miguel O'Hara.
POUVOIRS : Les projections holographiques de Lyla lui permettent de générer des illusions, tandis que son intelligence artificielle avancée comprend une matrice de probabilités prédisant les événements à venir.

L'apparence de Lyla évoque le glamour des actrices hollywoodiennes du XXe siècle.

Bien qu'elle puisse développer des images holographiques de toutes les teintes, Lyla apparaît toujours en doré.

UN SYSTÈME VULNÉRABLE

En tant qu'intelligence artificielle, Lyla est vulnérable aux cyber-attaques. Un jour, un virus informatique l'a poussée à attaquer la petite amie de Miguel O'Hara. Lyla s'est ensuite servie de cette faiblesse présumée pour tromper l'Electro androïde de 2099, lui laissant croire qu'il avait corrompu sa programmation. Elle l'avait alors persuadé de trahir Miguel en échange de sa liberté.

FACULTÉS

PROJECTION D'ÉNERGIE	FORCE	RÉSISTANCE	APTITUDE AU COMBAT	INTELLIGENCE	RAPIDITÉ
1	1	3	1	5	1

MADAME WEB

Ses liens avec Spider-Man en ont fait une cible pour la famille Kravinoff, qui a tenté de se servir d'elle pour contrôler le futur du Tisseur.

Cassandra Webb possédait la capacité mutante de lire dans les esprits. Devenue la diseuse de bonne aventure Madame Web, elle transmettait à Spider-Man des informations utiles sur ses missions. Elle a aussi été le mentor de Mattie Franklin, la quatrième Spider-Woman. Lorsque Mattie a été assassinée par les Kravinoff, Madame Web a réussi à transférer ses pouvoirs et son titre à Julia Carpenter.

TRANSFORMATIONS
Lors d'une cérémonie mystique baptisée le Rassemblement des Cinq, Madame Web a acquis une apparence plus juvénile. Cependant, elle a repris de l'âge en essayant de maîtriser Charlotte Witter, sa maléfique petite-fille aux pouvoirs d'araignée.

CARTE D'IDENTITÉ

VRAI NOM : Cassandra Webb
PROFESSION : Voyante
BASE : New York
TAILLE : 1,68 m
POIDS : 49,9 kg
YEUX : Gris
CHEVEUX : Noirs
ORIGINE : Mutante
POUVOIRS : Madame Web possède de grands pouvoirs télépathiques et peut prédire l'avenir. Elle apparaît aux autres sous forme d'esprit. Elle dépend d'une toile d'araignée cybernétique pour rester en vie.

FACULTÉS

PROJECTION D'ÉNERGIE	FORCE	RÉSISTANCE	APTITUDE AU COMBAT	INTELLIGENCE	RAPIDITÉ
1	1	1	1	4	1

M MAGGIA

La Maggia est une association criminelle de plusieurs familles influentes. Dirigée par les Silvermane, Hammerhead et Nefaria, la Maggia s'oppose à Spider-Man et aux représentants de la loi et de l'ordre à New York.

MEMBRES CLÉS

Silvermane : cerveau criminel et corps de cyborg qui lui donne une force, une vitesse et une endurance surhumaines.

Le Comte Nefaria : scientifique criminel dont le corps a été modifié pour devenir plus fort, mais cela a fait de lui un vampire.

Hammerhead : chef de gang à la force décuplée et au crâne en adamantium.

DES AGENTS PUISSANTS
Spider-Man a combattu les agents de la Maggia des dizaines de fois. Le syndicat du crime est parvenu à asseoir sa puissance en restant toujours dans l'ombre, ne laissant à la police aucune chance de l'inculper.

Extraterrestre de la planète Contraxia, Marcy est arrivée sur Terre pour chercher à sauver son monde dont le soleil se meurt.

MARCY KANE

À l'Empire State University, Peter Parker s'est lié d'amitié avec une assistante d'enseignement en biophysique, Marcy Kane, avec laquelle il est sorti quelques fois. Peter a caché à Marcy son identité secrète, sans savoir qu'elle aussi en avait une : elle venait d'une autre planète !

RENCONTRES RAPPROCHÉES
Marcy Kane, dont le vrai nom est Kaina, s'est rendue sur Terre pour trouver un moyen de rallumer le soleil mourant de son monde natal, Contraxia. Travaillant sous couverture à l'Empire State University, elle a étudié auprès de brillants scientifiques comme Peter Parker, tout en testant des technologies expérimentales.

CARTE D'IDENTITÉ

VRAI NOM : Kaina
PROFESSION : Biophysicienne
BASE : Contraxia
TAILLE : 1,68 m
POIDS : 54,4 kg
YEUX : Blancs
CHEVEUX : Bruns
ORIGINE : Extraterrestre (Contraxienne)
POUVOIRS : Marcy est une extraterrestre de la planète Contraxia qui maîtrise les sciences non terriennes. Elle a également suivi un entraînement pour être agente infiltrée.

FACULTÉS

PROJECTION D'ÉNERGIE	FORCE	RÉSISTANCE	APTITUDE AU COMBAT	INTELLIGENCE	RAPIDITÉ
1	2	2	2	4	2

M MARY JANE WATSON

Peter Parker n'aurait jamais cru pouvoir s'installer avec une fille aussi indépendante et enjouée que Mary Jane Watson, qui a été l'amour de sa vie. Sa personnalité fougueuse complète le sérieux de Peter, et leurs sentiments ont résisté aux années.

Lors de leur première rencontre, Mary Jane a ébloui Peter. Il a très vite apprécié sa façon de voir la vie.

CARTE D'IDENTITÉ

VRAI NOM : Mary Jane « MJ » Watson
PROFESSION : Actrice
BASE : New York
TAILLE : 1,73 m.
POIDS : 54,43 kg
YEUX : Verts
CHEVEUX : Roux
ORIGINE : Humaine
POUVOIRS : Mary Jane est mannequin, actrice et danseuse. Dotée d'une personnalité enjouée et extravertie, elle sait aussi garder les secrets !

COUP DE FOUDRE
Peter résistait aux efforts de sa tante pour le caser avec sa voisine, mais il a changé d'avis quand il a rencontré MJ. Ils ont commencé à sortir ensemble après la mort tragique de la petite amie de Peter, Gwen Stacy. La nuit où l'oncle de Peter a été assassiné, MJ a vu Peter sortir de chez lui en costume de Spider-Man. Elle a aussitôt deviné son secret, ce qu'elle lui a caché pendant longtemps. Peter a confiance en elle et lui a sauvé la vie de nombreuses fois.

FACULTÉS

PROJECTION D'ÉNERGIE	FORCE	RÉSISTANCE	APTITUDE AU COMBAT	INTELLIGENCE	RAPIDITÉ
1	2	2	2	2	2

MARY ET RICHARD PARKER

Malgré la grande importance de leur métier, Mary et Richard rêvaient de le quitter pour mener une vie de famille normale.

Élevé par sa tante May et son oncle Ben, Peter Parker n'a jamais connu ses vrais parents, les agents de la CIA Mary et Richard Parker. Ils sont morts en mission, soupçonnés d'être des traîtres ; en réalité, ils ont plusieurs fois sauvé des vies. Des années plus tard, Peter a réhabilité leurs noms, et a même pu en apprendre plus à leur sujet, lorsqu'il a découvert, avec sa sœur Teresa, une de leurs vieilles cachettes.

AGENTS SECRETS
Mary et Richard Parker étaient des agents qualifiés qui travaillaient pour les services secrets américains. Ils étaient tous deux très intelligents et en forme physiquement, habiles au combat rapproché et au tir d'armes à feu.

Mary et Richard ont été formés par le gouvernement américain.

MENACE

Sous son apparence de jeune femme de bonne famille, Lily, la petite amie d'Harry Osborn, est en secret la malfaisante Menace. Elle s'est servie du sérum du Bouffon Vert pour transformer son corps et manie l'arsenal d'armes du Bouffon. Quand la vérité a éclaté, Lily a confié son bébé à Harry et a rejoint la Nation Bouffon. Elle a ensuite été guérie de cet état par Spider-Man, avant de rejoindre le mal, sous le nom de Queen Cat.

Spider-Man l'a combattue avant qu'elle ne soit recrutée par Norman Osborn pour participer à ses plans machiavéliques.

CARTE D'IDENTITÉ

VRAI NOM : Lily Hollister
PROFESSION : Justicière ; fugitive ; ancienne mondaine ; criminelle
BASE : Gramercy Park
TAILLE : 1,68 m ; 1,83 m (en Menace)
POIDS : 52,62 kg ; 78,93 kg (en Menace)
YEUX : Marron (verts en Menace)
CHEVEUX : Blonds (roux en Menace)
ORIGINE : Mutante humaine ; améliorée par le sérum du Bouffon.
POUVOIRS : Menace utilise des armes et du matériel volés au premier Bouffon Vert, Norman Osborn. Le sérum du Bouffon lui a attribué sa force surhumaine, son endurance et son agilité.

Le sérum du Bouffon lui donne une apparence démoniaque.

L'apparence de Lily après la prise du sérum varie : parfois, elle semble presque humaine, d'autres fois, elle est monstrueuse.

EN FAMILLE
Menace a combattu Spider-Man et a gagné le respect de Norman Osborn, qui l'a accueillie au sein de la famille du Bouffon Vert. Elle s'est alliée à Norman contre son ex-amant, qui n'est autre que Harry Osborn. Plus tard, Menace a eu un bébé avec lui. Elle a ensuite fait équipe avec le Bouffon-Roi.

FACULTÉS

PROJECTION D'ÉNERGIE	FORCE	RÉSISTANCE	APTITUDE AU COMBAT	INTELLIGENCE	RAPIDITÉ
4	4	5	3	3	3

MENDEL STROMM

Stromm ignorait que son arrestation était orchestrée par Norman Osborn, à la suite d'un accord conclu avec le démoniaque Méphisto.

Enfant, Mendel Stromm a trouvé du réconfort dans ses gadgets. Adulte, il est devenu le partenaire de Norman Osborn, utilisant son génie scientifique pour bâtir le succès d'Oscorp. Jaloux, Osborn a fini par le faire emprisonner. Après sa libération, Stromm a cherché à se venger. Bien que Norman soit leur ennemi commun, il a affronté Spider-Man à plusieurs reprises.

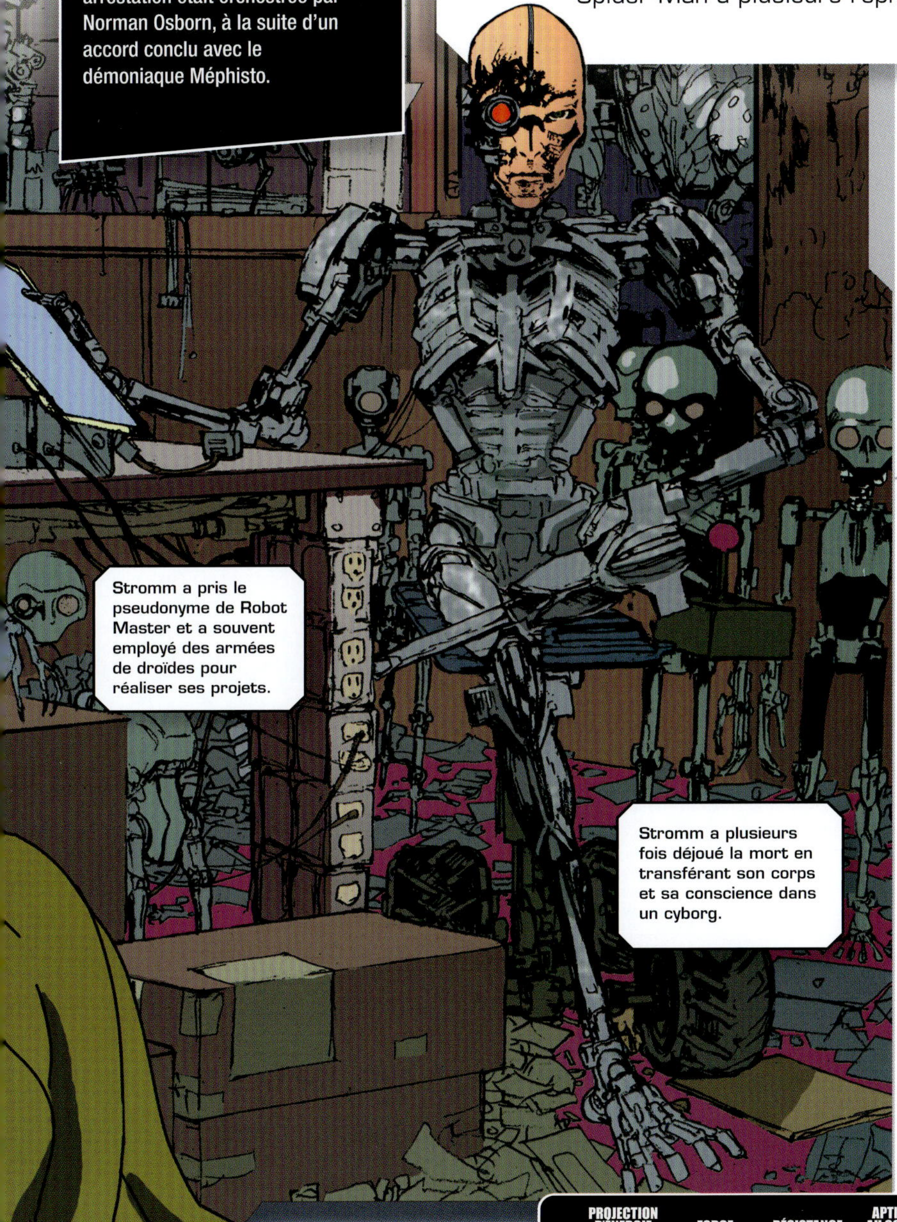

Stromm a pris le pseudonyme de Robot Master et a souvent employé des armées de droïdes pour réaliser ses projets.

Stromm a plusieurs fois déjoué la mort en transférant son corps et sa conscience dans un cyborg.

SCIENCE DÉVOYÉE
C'est Mendel Stromm qui est à l'origine de la formule du Bouffon. Stromm en a lui-même absorbé un peu, ce qui lui a permis d'échapper à la mort à maintes occasions. Il s'est également servi de ses connaissances en robotique pour prolonger sa vie, en se construisant des corps artificiels quand son organisme se détériorait.

CARTE D'IDENTITÉ

VRAI NOM : Mendel Stromm
PROFESSION : Scientifique ; inventeur ; super-vilain
BASE : New York
TAILLE : 1,78 m
POIDS : 68 kg **YEUX :** Bleus
CHEVEUX : Chauve
ORIGINE : Mutant humain et cyborg ; a survécu plusieurs fois à des blessures presque mortelles après avoir pris la formule du Bouffon et a intégré plusieurs corps de robots.
POUVOIRS : Stromm est un génie dans les domaines de la chimie et de la robotique. La formule du Bouffon lui donne une résistance accrue, et son corps robotique lui permet de se brancher en réseau avec d'autres systèmes technologiques.

FACULTÉS

PROJECTION D'ÉNERGIE	FORCE	RÉSISTANCE	APTITUDE AU COMBAT	INTELLIGENCE	RAPIDITÉ
1	3	4	2	5	2

M MEPHISTO (MÉPHISTO)

Le démon Méphisto est un être à la puissance inimaginable. Pendant que Tante May, blessée par un coup de feu, se mourait, Peter s'était tourné vers ses alliés magiciens pour leur demander de l'aide. Ses efforts étant vains, il a conclu un pacte avec Méphisto. Le démon a guéri Tante May, à condition d'effacer de toutes les mémoires le mariage de Peter et de Mary Jane.

Méphisto n'est pas satisfait de son rôle dans l'au-delà et souhaite contrôler l'existence des mortels.

CARTE D'IDENTITÉ

VRAI NOM : Méphisto
PROFESSION : Escroc ; maître d'un « enfer » extra-dimensionnel
BASE : Hôtel Inferno, Las Vegas, Nevada
TAILLE : 1,98 m
POIDS : 140,61 kg
YEUX : Blancs
CHEVEUX : Noirs
ORIGINE : Démon
POUVOIRS : Méphisto possède des pouvoirs magiques illimités, force et endurance. Il est immortel, peut changer de forme et posséder les âmes de ceux qui les cèdent volontairement.

RÉALITÉ DÉFORMÉE
Méphisto a décidé d'effacer le mariage de Peter et de Mary Jane, car il sait que cela laissera un écho de souffrance et de perte dont il pourra se repaître éternellement. Ses pouvoirs lui permettent de remodeler la réalité, ne laissant à personne le souvenir de la relation entre Peter et Mary Jane.

FACULTÉS

PROJECTION D'ÉNERGIE	FORCE	RÉSISTANCE	APTITUDE AU COMBAT	INTELLIGENCE	RAPIDITÉ
7	7	7	2		7

MIRAGE

Si Spider-Man se concentre sur son coup de poing, il peut assommer Mirage. Le tout est de viser juste !

Desmond Charne, un des meilleurs spécialistes mondiaux des hologrammes tridimensionnels, a décidé d'exploiter son expertise pour devenir le maléfique Mirage. Son costume est équipé de projecteurs holographiques miniatures pouvant générer des illusions et même le rendre invisible : pratique, face à un ennemi intelligent, agile et fort comme Spider-Man !

GRANDES VACANCES
Mirage a acquis sa mauvaise réputation en tentant de voler les invités du mariage de Betty Brant et de Ned Leeds. Spider-Man l'a mis derrière les barreaux. Plus tard, Mirage a été tué par un justicier du monde souterrain. Revenu depuis à la vie, il opère désormais dans le gang de Hood.

CARTE D'IDENTITÉ

VRAI NOM : Desmond Charne
PROFESSION : Criminel ; ingénieur ; inventeur
BASE : New York
TAILLE : 1,80 m
POIDS : 88,45 kg
YEUX : Bleus
CHEVEUX : Inconnus
ORIGINE : Humain
POUVOIRS : Mirage projette des hologrammes pour commettre ses crimes. Son arme tire des fléchettes tranquillisantes, ainsi que des balles.

FACULTÉS

PROJECTION D'ÉNERGIE	FORCE	RÉSISTANCE	APTITUDE AU COMBAT	INTELLIGENCE	RAPIDITÉ
3	2	2	2	2	2

M MISS ARROW

Après avoir combattu Morlun, Spider-Man a ressuscité et a émergé d'un cocon. Mais l'enveloppe abandonnée a pris vie et est devenue son opposé maléfique. Elle s'est fait appeler « l'Autre » et a ensuite pris l'identité de Miss Arrow, une infirmière du lycée de Midtown High. Ainsi, elle pouvait surveiller Peter Parker, alors enseignant dans l'établissement, attendant le bon moment pour agir.

Une fois débarrassée de son apparence humaine, elle peut utiliser ses pouvoirs arachnéens contre Spidey.

CARTE D'IDENTITÉ
VRAI NOM : L'Autre
PROFESSION : Prédatrice mystique
BASE : Mobile
TAILLE : 1,63 m
POIDS : 47,63 kg
YEUX : Noisette (en Miss Arrow)
CHEVEUX : Blonds (en Miss Arrow)
ORIGINE : Divinité totémique
POUVOIRS : Miss Arrow contrôle et commande les araignées qui constituent son corps. Elle peut aussi les transformer en essaim. Sur ses poignets, ses dards peuvent injecter du venin.

Son corps peut se décomposer en milliers de petites araignées.

Le nom de Miss Arrow vient du latin *Ero*, une araignée cannibale qui dévore les autres araignées.

UN MONSTRE DÉGUISÉ
Miss Arrow a développé une attirance pour Flash Thompson, à cette époque professeur de sport au lycée de Midtown. Quand Flash a refusé de devenir son nouvel hôte, Miss Arrow s'est fragmentée en milliers d'araignées et l'a attaqué. Spider-Man est arrivé juste à temps pour l'éliminer.

FACULTÉS

PROJECTION D'ÉNERGIE	FORCE	RÉSISTANCE	APTITUDE AU COMBAT	INTELLIGENCE	RAPIDITÉ
2	4	3	4	4	3

MISTER NEGATIVE

M

Bien que nouveau venu dans la pègre new-yorkaise, il en a rapidement gravi tous les échelons.

Mister Negative est le côté obscur du sympathique Martin Li, qui gère une soupe populaire à Chinatown. Une dose de produits chimiques expérimentaux a causé l'émergence de sa personnalité : Mister Negative. Li a entrepris de devenir le plus grand chef criminel de New York. Ses exceptionnels pouvoirs de régénération ont aussi donné naissance à Anti-Venom.

Lorsqu'il utilise ses pouvoirs, Mister Negative apparaît en noir et blanc.

Il possède un pouvoir qui corrompt les gens honnêtes à son contact et les pousse à exécuter ses ordres.

INNOCENCE TROMPEUSE
Mister Negative a tenté de corrompre Tante May lorsqu'elle était bénévole à la soupe populaire. Le vilain est accompagné de ses Démons Intérieurs, un groupe de gardes du corps aux puissants pouvoirs de guérison, qui portent des masques de démons.

CARTE D'IDENTITÉ

VRAI NOM : Inconnu
PROFESSION : Seigneur du crime
BASE : Shanghai, Chine
TAILLE : 1,80 m
POIDS : 81,65 kg
YEUX : Marron (Blancs en Mister Negative)
CHEVEUX : Noirs (Blancs en Mister Negative)
ORIGINE : Humain muté par la Force de l'Ombre et la Force de la Lumière.
POUVOIRS : Martin Li possède des pouvoirs liés à la Dimension Noire. Son toucher peut guérir ou corrompre. Il a aussi la capacité de changer d'apparence et de contrôler les gens.

FACULTÉS

PROJECTION D'ÉNERGIE	FORCE	RÉSISTANCE	APTITUDE AU COMBAT	INTELLIGENCE	RAPIDITÉ
4	5	4	4	3	3

MOLTEN MAN
(L'HOMME DE MÉTAL)

Suite à un accident industriel, Mark Raxton s'est retrouvé enduit d'un alliage métallique liquide. Il est alors devenu l'Homme de Métal et s'est lancé dans une carrière criminelle. Cependant, son état s'est dégradé jusqu'à ce que sa peau métallique ait menacé de le brûler vif. Sa belle-sœur, Liz Allan, lui a porté secours, ce qui a fait comprendre à Mark la valeur de la bonté humaine. Grâce à son poste de P.-D.G. d'Alchemax, Liz a réussi à découvrir un remède pour soigner son beau-frère.

Sa transformation extrêmement douloureuse en être de métal incandescent a fait de Mark Raxton un personnage au destin tragique.

CARTE D'IDENTITÉ
VRAI NOM : Mark Raxton
PROFESSION : Scientifique
BASE : Tour d'Alchemax, New York
TAILLE : 1,96 m
POIDS : 115,67 kg
YEUX : Noisette
CHEVEUX : Blonds
ORIGINE : Mutant humain ; son corps a absorbé un alliage liquide expérimental qu'il tentait de voler à un collègue scientifique, Spencer Smythe.
POUVOIRS : L'Homme de Métal peut se libérer de tous les liens qui l'entravent et possède une force surhumaine. Il peut rendre son corps si chaud qu'il fait fondre la plupart des matériaux. Le moindre de ses contacts cause de sévères brûlures.

UNE AIDE PONCTUELLE
L'Homme de Métal apporte occasionnellement son aide à Spider-Man. Mais il a du mal à contrôler ses émotions. S'il sent qu'un membre de sa famille est en danger, il peut se mettre à bouillir de rage.

Ses coups de poing peuvent faire fondre l'acier.

FACULTÉS

PROJECTION D'ÉNERGIE	FORCE	RÉSISTANCE	APTITUDE AU COMBAT	INTELLIGENCE	RAPIDITÉ
2	5	5	3	3	2

MOON KNIGHT

Sa fortune lui permet d'utiliser de nombreux accessoires et engins, tels des hélicoptères ou des motos.

Marc Spector était un mercenaire, jusqu'à ce qu'il se retrouve aux portes de la mort, en Égypte. Ressuscité par Khonshu, le dieu égyptien de la Lune, Marc est devenu Moon Knight. Sa fortune personnelle finance son combat contre le crime. Il est équipé d'un arsenal d'armes spécialisées. Moon Knight est un des alliés nocturnes de Spider-Man.

Son costume arbore le croissant de lune, symbole de Khonshu.

Il manie de nombreuses armes, dont les pistolets.

PERSONNALITÉS MULTIPLES
Contrairement à Spider-Man, Moon Knight dispose de plusieurs identités secrètes. Le riche financier Steven Grant se mêle à la haute société tandis que le chauffeur de taxi Jake Lockley possède une connaissance de la rue utile à son action.

CARTE D'IDENTITÉ
VRAI NOM : Marc Spector
PROFESSION : Aventurier ; justicier ; entrepreneur millionnaire
BASE : New York
TAILLE : 1,88 m
POIDS : 102,06 kg
YEUX : Marron
CHEVEUX : Bruns
ORIGINE : Humain possédant des pouvoirs basés sur la Lune, accordés par le dieu égyptien Khonshu.
POUVOIRS : Moon Knight manie diverses armes que lui a confiées Khonshu. Il est extrêmement fort et résistant, mais sa puissance dépend des phases de la Lune.

FACULTÉS

PROJECTION D'ÉNERGIE	FORCE	RÉSISTANCE	APTITUDE AU COMBAT	INTELLIGENCE	RAPIDITÉ
1	3	3	3	2	2

M MORBIUS

Morbius possède les crocs, la soif de sang et l'aversion pour la lumière solaire d'un vrai vampire, même si ses pouvoirs n'ont pas d'origine surnaturelle. Transformé par un sérum sanguin expérimental, Dr Michael Morbius a contracté le « pseudo-vampirisme », pour devenir Morbius, le Vampire Vivant ! Son vœu le plus cher est de se débarrasser de ses pouvoirs.

Quand son instinct héroïque prend le dessus, il aide la communauté des super-héros à combattre les forces du mal.

CARTE D'IDENTITÉ

VRAI NOM : Michael Morbius
PROFESSION : Lauréat du prix Nobel de biochimie ; scientifique criminel
BASE : Mobile
TAILLE : 1,78 m
POIDS : 77,11 kg
YEUX : Rouges
CHEVEUX : Noirs
ORIGINE : Humain mutant exposé à un sérum expérimental.
POUVOIRS : Morbius possède une force, une vitesse et des sens surdéveloppés. Il peut planer et hypnotiser ses victimes. C'est un génie scientifique, armé de crocs et de griffes.

Morbius n'a pas la vulnérabilité habituelle d'un vampire, bien qu'il soit plus sensible au soleil qu'un humain ordinaire.

Spider-Man a tenté d'aider Morbius, mais l'instinct meurtrier du Vampire Vivant est tenace.

EN QUÊTE D'UN TRAITEMENT
Morbius, le Vampire Vivant, a travaillé en secret pour Horizon Labs afin de créer un remède au spider-virus. Il espérait ainsi trouver une solution à son propre problème, mais les enquêteurs du gouvernement américain se sont montrés hostiles lorsqu'ils ont découvert son identité secrète.

FACULTÉS

PROJECTION D'ÉNERGIE	FORCE	RÉSISTANCE	APTITUDE AU COMBAT	INTELLIGENCE	RAPIDITÉ
1	4	4	2	5	3

MORLUN

Morlun a bien failli tuer Spider-Man, mais, même à la lisière de la mort, le Tisseur a réussi à vaincre son bourreau.

Morlun parcourt la Terre depuis des siècles et se nourrit de la force vitale des êtres inférieurs, tout en cherchant l'énergie pure que lui procurent les « totems », avatars humains des esprits animaliers primitifs. Pensant que Spider-Man est le porteur du totem araignée, Morlun le traque sans relâche afin de consumer son essence pour prolonger son existence.

La tenue de Morlun, d'une autre époque, trahit son âge.

Morlun peut apparaître ou disparaître à volonté.

PRÉDATEUR PRIMAL
Spider-Man et le mystérieux Ezekiel se sont associés pour vaincre Morlun, qui a semblé par la suite avoir disparu. Mais il est revenu plusieurs fois d'entre les morts en drainant l'énergie spirituelle des êtres vivants.

CARTE D'IDENTITÉ

VRAI NOM : Morlun
PROFESSION : Chasseur d'animaux totémiques
BASE : Tour Sims, New York
TAILLE : 1,88 m
POIDS : 79,38 kg
YEUX : Marron
CHEVEUX : Bruns
ORIGINE : Vampire psychique
POUVOIRS : Morlun absorbe la puissance vitale de ses victimes. Sa force varie en fonction du moment où il se nourrit.

FACULTÉS

PROJECTION D'ÉNERGIE	FORCE	RÉSISTANCE	APTITUDE AU COMBAT	INTELLIGENCE	RAPIDITÉ
1	4	3	4	3	3

M MISS MARVEL

Kamala Khan était une adolescente ordinaire de Jersey City lorsqu'elle a été transformée par des brumes tératogènes qui ont réveillé son ADN inhumain latent. Désormais, elle possédait le pouvoir de changer la forme et la taille de son corps. Grande fan de super-héros, Kamala a été ravie de rejoindre leurs rangs, réalisant enfin son rêve de devenir une Avenger. Plus tard, elle a fait équipe avec Miles Morales et d'autres jeunes héros, les Champions.

Bien qu'elle soit une grande admiratrice de Carol Danvers, la première Miss Marvel, Kamala s'est aperçue qu'elle devait suivre sa propre voie et exprimer son identité sous le pseudonyme de Miss Marvel.

CARTE D'IDENTITÉ

VRAI NOM : Kamala Khan
PROFESSION : Super-héroïne
BASE : Jersey City
TAILLE : 1,63 m
POIDS : 57 kg
YEUX : Marron
CHEVEUX : Bruns
ORIGINE : Inhumaine ; a subi une transformation après l'explosion d'une bombe de gaz tératogènes, déclenchant ses pouvoirs latents d'étirement.
POUVOIRS : Miss Marvel est polymorphe et peut changer sa taille de façon spectaculaire, y compris en imitant d'autres personnes ou des objets. Elle est dotée d'une capacité de guérison améliorée.

Son ami Bruno a créé son costume à partir de polymère biokinétique, de sorte qu'il s'étire avec son corps lorsqu'elle use de ses pouvoirs.

Kamala a modernisé l'iconique éclair jaune qui ornait le costume de Miss Marvel de Carol Danvers.

EN S'ÉTIRANT
La capacité d'étirement ou de compression du corps de Miss Marvel est encore plus incroyable qu'il n'y paraît à première vue. Elle peut modifier sa masse à un niveau moléculaire du passé et du futur de différentes versions d'elle-même, presque comme un voyage dans le temps.

FACULTÉS

PROJECTION D'ÉNERGIE	FORCE	RÉSISTANCE	APTITUDE AU COMBAT	INTELLIGENCE	RAPIDITÉ
1	4	4	1	2	3

MYSTERIO

Bien qu'il tente de faire croire qu'il possède des pouvoirs mystiques, Mysterio utilise la suggestion mentale et des effets spéciaux.

Quentin Beck, cascadeur et spécialiste des effets spéciaux à Hollywood, a découvert que le crime pouvait payer lorsqu'il est devenu Mysterio. Chaque fois que Spider-Man l'affronte, le super-héros a du mal à comprendre ce qui relève du réel ou de l'illusion.

AFFAIRE NON CLASSÉE
Mysterio a d'abord tenté de prendre la place de Spider-Man, avant que celui-ci ne mette un terme à la supercherie. Puis il est mort, mais est revenu à la vie pour tourmenter à nouveau le Tisseur. Il a aidé Sasha Kravinoff à ressusciter son époux, Kraven le Chasseur, afin que ce dernier puisse se venger de Spider-Man.

CARTE D'IDENTITÉ

VRAI NOM : Quentin Beck
PROFESSION : Cerveau criminel ; ancien cascadeur et concepteur d'effets spéciaux à Hollywood
BASE : Institut Ravencroft
TAILLE : 1,80 m
POIDS : 79,38 kg
YEUX : Bleus
CHEVEUX : Noirs
ORIGINE : Humain
POUVOIRS : Mysterio était autrefois un grand créateur d'effets spéciaux pour le cinéma. Il utilise désormais sa capacité à créer des illusions pour commettre des crimes et nuire à Spider-Man. C'est aussi un hypnotiseur de talent.

FACULTÉS

PROJECTION D'ÉNERGIE	FORCE	RÉSISTANCE	APTITUDE AU COMBAT	INTELLIGENCE	RAPIDITÉ
4	3	6	3	3	2

N NED LEEDS

Peter Parker et Ned ont travaillé ensemble au *Daily Bugle*, où Ned a rencontré puis épousé la secrétaire Betty Brant. Puis Roderick Kingsley, le maléfique Super-Bouffon, a soumis Ned à un lavage de cerveau pour le faire passer pour lui. Ned a été assassiné par des criminels qui l'ont pris pour le vrai Super-Bouffon. Par chance, le sérum du Bouffon contenu dans son sang a permis de le ramener à la vie.

Au cours d'un rare moment de bonheur, Ned s'est marié avec Betty Brant, mais la cérémonie a malheureusement été interrompue par Mirage.

CARTE D'IDENTITÉ

VRAI NOM : Edward « Ned » Leeds
PROFESSION : Journaliste
BASE : Autrefois dans les bureaux du *Daily Bugle*, New York
TAILLE : 1,80 m
POIDS : 92,99 kg
YEUX : Bleus
CHEVEUX : Blonds
ORIGINE : Humain
POUVOIRS : Ned était un bon journaliste. Sous l'influence de Roderick Kingsley, il a brièvement utilisé les armes et l'équipement du Super-Bouffon.

FAUSSE RUMEUR
Rival de Peter Parker pour gagner l'affection de Betty, Ned a conquis son cœur, mais il a plus tard été considéré comme le principal suspect des crimes du Super-Bouffon. Après la mort de Ned, Peter a prouvé son innocence, même si nombreux sont ceux qui pensent encore qu'il a vécu une double vie de criminel.

Ned a retrouvé son épouse après sa mort apparente, quand il lui a apporté des informations sur une enquête qu'elle menait.

FACULTÉS

PROJECTION D'ÉNERGIE	FORCE	RÉSISTANCE	APTITUDE AU COMBAT	INTELLIGENCE	RAPIDITÉ
1	2	2	2	2	2

NICK FURY JR.

Nighthawk a donné des ailes du Faucon à Nick afin que ce dernier l'aide à trouver les Pierres d'infinité.

Marcus Johnson, un Ranger de l'armée américaine, a découvert que son vrai père était l'agent secret d'élite Nick Fury, et que lui-même possédait dans son sang les pouvoirs de la formule d'infinité. Espion comme son père, il a rejoint le S.H.I.E.L.D. et adopté l'identité de Nick Fury Jr. Il est accompagné dans sa nouvelle carrière par son ancien collègue, le militaire Phil Coulson.

Comme son père, Nick Fury Jr. a perdu son œil gauche et porte un bandeau.

Le costume de combat de Nick possède un mode furtif et la possibilité d'injecter de l'adrénaline directement dans son sang afin de renforcer temporairement sa puissance.

TROUVER SA VOIE
Après la dissolution du S.H.I.E.L.D., Fury Jr. a continué son activité de justicier en solo, motivé par le désir de protéger le monde. Il a obtenu des renforts et du matériel pour ses missions, en utilisant ses relations haut placées. C'est ce qu'il appelle son « interprétation personnelle » du Patriot Act.

CARTE D'IDENTITÉ

VRAI NOM : Nicholas J. Fury Jr.
PROFESSION : Espion
BASE : Mobile
TAILLE : 1,91 m
POIDS : 102 kg
YEUX : Marron
CHEVEUX : Noirs
ORIGINE : Mutant humain ; enfant caché de Nick Fury Sr., il ne découvre sa véritable filiation qu'à l'âge adulte et suit les traces de son père au S.H.I.E.L.D.
POUVOIRS : L'héritage de la formule d'infinité attribue à Fury un vieillissement ralenti et une condition physique au sommet du potentiel humain.

FACULTÉS

PROJECTION D'ÉNERGIE	FORCE	RÉSISTANCE	APTITUDE AU COMBAT	INTELLIGENCE	RAPIDITÉ
1	3	3	6	3	2

N NIGHTMARE (CAUCHEMAR)

Lorsque les gens s'endorment et se mettent à rêver, c'est là que Cauchemar est le plus dangereux ! Il rôde dans une dimension parallèle sur sa licorne noire Brin-de-Rêve et se nourrit des cauchemars des dormeurs, poussant les rêveurs toujours plus loin dans la peur et la folie. Spider-Man pourra-t-il mettre fin à son règne de terreur ?

Dans la Dimension du Rêve, il possède des pouvoirs quasi illimités. Pour le vaincre, Spider-Man doit faire face à ses plus grandes peurs.

CARTE D'IDENTITÉ
VRAI NOM : Cauchemar
PROFESSION : Souverain du Monde des Cauchemars ; divinité
BASE : Monde des Cauchemars, Dimension du Rêve
TAILLE : Variable
POIDS : Variable
YEUX : Verts
CHEVEUX : Noirs
ORIGINE : Extra-dimensionnelle, entité démoniaque
POUVOIRS : Cauchemar est un démon aux pouvoirs mystiques immenses. En général, il choisit des victimes endormies. Il peut se téléporter.

Cauchemar est beaucoup moins puissant en dehors de son Royaume.

MAUVAIS RÊVES
Cauchemar est l'ennemi juré de Doctor Strange, mais aussi de Spider-Man. Lors de l'une de ses premières aventures, Cauchemar a tourmenté le Tisseur avec les visions de ses plus grandes peurs, dont la révélation de son identité secrète.

Bien que démon, Cauchemar a autrefois été tué par l'Asgardien Loki.

FACULTÉS

PROJECTION D'ÉNERGIE	FORCE	RÉSISTANCE	APTITUDE AU COMBAT	INTELLIGENCE	RAPIDITÉ
6	6	6	2	6	2

NORMAN OSBORN

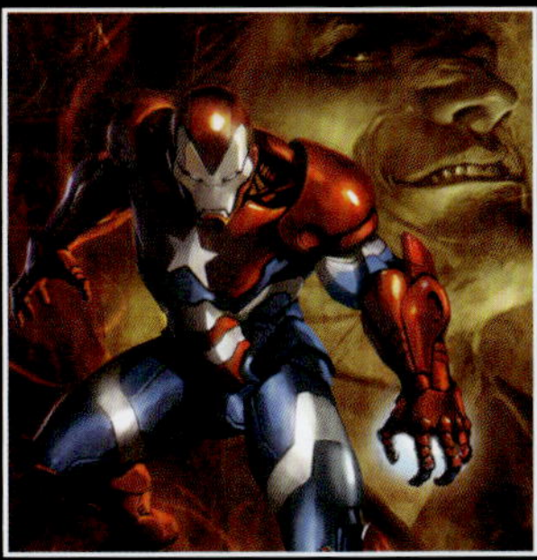

Norman Osborn s'est inspiré des tenues d'Iron Man et de Captain America pour créer son armure d'Iron Patriot.

Avide de pouvoir, Norman Osborn a commis plus de crimes sous son vrai nom que sous celui du Bouffon Vert ! Disposant de toutes les industries Oscorp, il est entré dans la clandestinité après la « mort » du Bouffon pour se venger de Spider-Man, notamment en créant ses clones.

Osborn est très intelligent et déterminé.

Norman porte souvent un costume digne d'un homme d'affaires important.

DES HAUTS ET DES BAS
Norman Osborn est devenu le chef des Thunderbolts, une équipe d'anciens super-vilains financée par le gouvernement. Cela lui a permis de devenir directeur du H.A.M.M.E.R., successeur du S.H.I.E.L.D., et de fonder une nouvelle équipe, les Dark Avengers, tout en portant son armure d'Iron Patriot. Cependant, sa personnalité démente de Bouffon Vert ayant ressurgi, il a été démis de ses fonctions.

CARTE D'IDENTITÉ

VRAI NOM : Norman Virgil Osborn
PROFESSION : Criminel de génie
BASE : Mobile
TAILLE : 1,80 m
POIDS : 83,91 kg
YEUX : Verts
CHEVEUX : Auburn
ORIGINE : Mutant humain ; accidentellement exposé à une formule chimique qui augmente force et intelligence, tout en causant une instabilité mentale.
POUVOIRS : Le sérum du Bouffon donne à Osborn des capacités physiques surhumaines.

FACULTÉS

PROJECTION D'ÉNERGIE	FORCE	RÉSISTANCE	APTITUDE AU COMBAT	INTELLIGENCE	RAPIDITÉ
3	4	4	3	4	3

N NORMIE OSBORN

Normie Osborn n'a certainement pas connu une enfance heureuse. Cible rêvée des kidnappeurs en raison de sa fortune familiale, il présente également une santé mentale fragile, car il est porteur du sang Bouffon qui lui a été transmis par les membres de sa famille. Même s'il a d'abord reproché à Spider-Man le malheur des siens, Normie a fini par comprendre qu'ils étaient les seuls responsables de leurs problèmes.

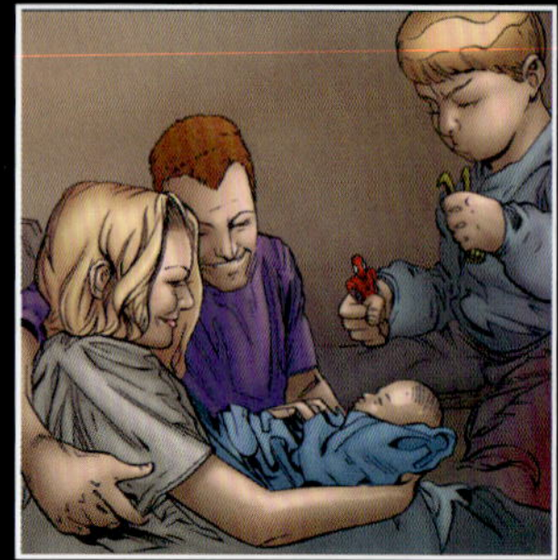

Au début, Peter Parker était heureux d'être le parrain de Normie. Mais plus le garçon a grandi, plus sa relation avec Spider-Man est devenue conflictuelle.

CARTE D'IDENTITÉ

VRAI NOM : Norman Harold Osborn
PROFESSION : Écolier
BASE : New York
TAILLE : 1,14 m
POIDS : 20,41 kg
YEUX : Bleus
CHEVEUX : Bruns
ORIGINE : Humain ; fils d'Harry Osborn et Liz Allan, petit-fils de Norman Osborn (le Bouffon Vert).
POUVOIRS : Aucun, à part quand il est devenu l'hôte du symbiote Carnage.

L'ENFANT-BOUFFON
Norman a infecté son petit-fils avec le symbiote Carnage au moment où celui-ci était le Bouffon Rouge. Normie a ainsi acquis un immense pouvoir, faisant de lui l'Enfant-Bouffon. Cependant, son jeune âge lui a permis de résister au symbiote. L'enfant a pu guérir, mais un résidu de Carnage est resté dans son corps.

FACULTÉS

PROJECTION D'ÉNERGIE	FORCE	RÉSISTANCE	APTITUDE AU COMBAT	INTELLIGENCE	RAPIDITÉ
1	1	1	1	2	1

Pour mettre le vilain hors d'état de nuire, Spider-Man doit le déloger du siège du conducteur.

OVERDRIVE

Il déclare être le plus grand fan de Spider-Man mais, en général, Overdrive s'oppose à lui lorsqu'il est envoyé par des gangsters tels que Mister Negative. Sa faculté à transformer n'importe quel véhicule à moteur est très utile lorsqu'il doit s'enfuir rapidement d'une scène de crime. La plupart du temps, Spidey parvient à freiner ses élans.

CHAUFFEUR RECHERCHÉ
Overdrive a récemment intégré les Sinister Six, transformant la gigantesque Grande Roue pour en faire le véhicule du groupe. Mais Spider-Man a réussi à saboter l'unité de contrôle gyroscopique de l'engin, qui est alors devenu inutilisable.

CARTE D'IDENTITÉ

VRAI NOM : James Beverly
PROFESSION : Pilote de course ; ancien homme de main ; criminel
BASE : New York
TAILLE : 1,75 m
POIDS : 78,84 kg
YEUX : Marron
CHEVEUX : Noirs
ORIGINE : Humain dont le pouvoir a été accordé par le Power Broker.
POUVOIRS : Tout en conduisant, Overdrive sème des nanites qui améliorent considérablement la performance des véhicules qu'il pilote. Outre ses talents de conducteur, il est aussi mécanicien.

FACULTÉS

PROJECTION D'ÉNERGIE	FORCE	RÉSISTANCE	APTITUDE AU COMBAT	INTELLIGENCE	RAPIDITÉ
2	2	3	3	2	2

P PALADIN

Paladin aime chanter ses propres louanges. Ses tarifs élevés sont justifiés par son indéniable talent. Ses affaires l'ont parfois mené à s'allier avec Spider-Man. Il a aussi travaillé comme homme de main pour Silver Sable. Amoureux de la détective privée Misty Knight, Paladin l'a aidée à infiltrer l'opération « Vilains à Louer », lui permettant de faire tomber l'Homme Pourpre, ainsi que d'autres criminels recherchés.

Paladin agit en général en solo mais, s'il se sent dépassé, il accepte de travailler en équipe, à condition que le salaire en vaille la peine.

CARTE D'IDENTITÉ
VRAI NOM : Inconnu
PROFESSION : Mercenaire ; détective privé
BASE : Mobile
TAILLE : 1,88 m
POIDS : 102,06 kg
YEUX : Marron
CHEVEUX : Bruns
ORIGINE : Humain
POUVOIRS : Paladin porte un costume renforcé et pare-balles, ainsi qu'un pistolet paralysant de haute technologie. Combattant et enquêteur de talent, il détecte aussi ses ennemis avant que ceux-ci n'attaquent.

PRÊT À AIDER
Spider-Man sait que Paladin est fiable du moment qu'il est payé. Ils ont travaillé ensemble pour arrêter une conspiration menaçant la nation de Silver Sable, la Symkarie. Paladin a plus tard intégré les Thunderbolts, un groupe de super-vilains repentis.

FACULTÉS

PROJECTION D'ÉNERGIE	FORCE	RÉSISTANCE	APTITUDE AU COMBAT	INTELLIGENCE	RAPIDITÉ
4	4	3	4	3	3

PARKER INDUSTRIES

Parker Industries est une entreprise qui monétise des produits de haute technologie. Cette idée vient d'Otto Octavius, lorsqu'il a possédé le corps de Peter Parker en tant que Spider-Man supérieur. Lorsque Peter a réintégré son corps, il a continué à gérer l'entreprise, même s'il n'est pas un homme d'affaires. Il utilise les ressources de Parker Industries pour améliorer le monde, et prévoit de construire un centre de réhabilitation pour les super-vilains.

MEMBRES CLÉS

1. Peter Parker : après avoir récupéré le contrôle de son corps, Peter doit concilier sa vie de P.-D.G. et ses activités de Spider-Man.

2. Anna Maria Marconi : impliquée dans Parker Industries depuis sa fondation, devenue l'une de ses plus importantes employées grâce à sa grande intelligence.

3. Sajani Jaffrey : malgré ses compétences certaines, son attitude rigide complique parfois ses relations avec ses collègues.

4. Le Cerveau Vivant : initialement conçu pour faire le mal, ce robot a été transformé pour devenir un atout précieux de Parker Industries.

5. Clayton Cole : aussi connu sous le nom de Clash, son identité de vilain, il s'est vu offrir un emploi par Peter afin de l'aider à rester dans le droit chemin.

Les bénéfices de Parker Industries servent à financer la Fondation Oncle Ben, un organisme de bienfaisance qui améliore le quotidien des plus démunis.

PENI PARKER

Quand son père est mort en utilisant la combinaison SP//dr, Peni Parker a été recueillie par sa tante May et son oncle Ben. Bien qu'encore enfant, elle est la seule à pouvoir piloter la combinaison, en raison du lien génétique, et est donc devenue sa protectrice dans la réalité. Malgré le décès de sa tante, Peni s'est aguerrie pour devenir membre de la Spider-Armée du multivers.

La combinaison SP//dr peut uniquement être manœuvrée par une personne mordue par l'araignée radioactive qui contrôle une partie de l'équipement.

CARTE D'IDENTITÉ

VRAI NOM : Peni Parker
PROFESSION : Super-héroïne ; lycéenne
BASE : New York, Terre-14512
TAILLE : 1,50 m
POIDS : 48 kg **YEUX :** Marron
CHEVEUX : Noirs
ORIGINE : Mutante humaine ; a hérité de son père la capacité de piloter la combinaison SP//dr. Elle a accepté de se laisser mordre par l'araignée radioactive qui la relie au costume.
POUVOIRS : Lorsqu'elle manœuvre la combinaison SP//dr, Peni acquiert force accrue, rapidité et endurance. Elle peut ramper sur les murs et tirer des projectiles en toiles d'araignées grâce aux dispositifs qu'elle porte aux bras.

L'araignée qui relie Peni Parker à la combinaison SP//dr est toujours avec elle, grâce au lien mental qui les unit.

Très intelligente, Peni aide son oncle et sa tante, techniciens chez Oscorp, à améliorer la combinaison SP//dr.

S'ADAPTER
Développée par Oscorp, la combinaison est un robot symbiotique qui donne divers pouvoirs : ramper sur les murs, tirer des missiles de toile fluide... Peni aime utiliser les différentes commandes pour écouter sa musique préférée, ce qui l'aide à se concentrer. Toutefois, une trop grande consommation d'énergie peut vider l'alimentation de l'armure et l'immobiliser.

FACULTÉS

PROJECTION D'ÉNERGIE	FORCE	RÉSISTANCE	APTITUDE AU COMBAT	INTELLIGENCE	RAPIDITÉ
2	2	2	3	3	2

Spidey a interrompu les premiers méfaits du Rôdeur, ce qui a bouleversé la destinée de l'aspirant vilain.

PROWLER (LE RÔDEUR)

Hobie Brown possède un esprit inventif, mais il n'a pas les moyens de développer ses idées. Après avoir tenté d'utiliser ses créations dans le domaine criminel sous le nom du Rôdeur, Hobie s'est tourné vers une carrière plus respectable. Lorsqu'il a ensuite adopté le pseudonyme d'Hornet, Aaaron Davis (qui a été le Rôdeur sur la Terre-1610) a repris cette identité sur la Terre-616.

HÉROS RÉSERVISTE
Quand Spider-Man lui a laissé une seconde chance, le Rôdeur a décidé de devenir, lui aussi, un héros. Puis il a choisi de rejoindre d'autres amis du Tisseur au sein des Outlaws. Parfois, il aide également Spidey à se créer de nouveaux gadgets.

CARTE D'IDENTITÉ

VRAI NOM : Hobie Brown
PROFESSION : Inventeur ; ancien aventurier
BASE : Mobile
TAILLE : 1,80 m
POIDS : 81,65 kg
YEUX : Marron
CHEVEUX : Noirs
ORIGINE : Humain
POUVOIRS : Le costume du Rôdeur intègre des lance-dards et des grenades fumigènes. Maître en arts martiaux, il est un grand inventeur d'armes et de gadgets miniatures.

FACULTÉS

PROJECTION D'ÉNERGIE	FORCE	RÉSISTANCE	APTITUDE AU COMBAT	INTELLIGENCE	RAPIDITÉ
3	2	2	3	4	2

P PUMA

Thomas Fireheart est le Puma, champion ancestral de la tribu amérindienne Kisani. Il possède les capacités surnaturelles d'un hybride puma-humain. Il est également le P.-D.G. de Fireheart Enterprises. Il a brièvement été le propriétaire du *Daily Bugle*, car il pensait pouvoir améliorer l'opinion publique sur Spider-Man. Il utilise désormais son expérience pour être le mentor de Portal, un autre héros Kisani. Le Puma est l'un des animaux totems capturés par Kraven pour sa Grande Chasse.

Avec son armure Iron Spider, le Tisseur s'est associé au Puma et à la Chatte Noire pour vaincre le super-vilain dinosaure, Stegron.

CARTE D'IDENTITÉ

VRAI NOM : Thomas Fireheart
PROFESSION : P.-D.G. de Fireheart Enterprises ; mercenaire occasionnel et assassin
BASE : Mobile
TAILLE : 1,88 m
POIDS : 108,86 kg
YEUX : Verts
CHEVEUX : Noirs
ORIGINE : Mutant humain ; Fireheart est le résultat de plusieurs générations de rituels magiques et de croisements sélectifs.
POUVOIRS : Fireheart peut se transformer en chat-garou, le Puma, augmenter sa taille et bénéficier d'une amélioration des sens de la vue, de l'odorat et de l'ouïe.

Ses sens de félin lui permettent de sentir le danger.

Richissime, le Puma peut s'offrir un équipement de pointe.

ENNEMIS PUIS AMIS
Bien qu'ils aient d'abord été adversaires, Spider-Man et le Puma sont désormais de fidèles alliés. Les deux héros ont servi dans la même équipe, les Outlaws, travaillant avec des criminels repentis sous les ordres de Silver Sable.

FACULTÉS

PROJECTION D'ÉNERGIE	FORCE	RÉSISTANCE	APTITUDE AU COMBAT	INTELLIGENCE	RAPIDITÉ
1	4	4	6	3	3

QUEEN (LA REINE)

Devenue la titanesque Reine-Araignée, Adriana a brièvement régné sur New York.

Espérant créer plus de super-soldats, le gouvernement américain a fait des expériences sur Adriana Soria. Elle a été transformée en araignée humanoïde, devenant ainsi la Reine de toutes les araignées. Voyant en Spider-Man le partenaire idéal, elle l'a harcelé pour devenir sa compagne. Elle croyait que son pouvoir sur le « gène insectoïde » aurait pu le contraindre à lui obéir. Éconduite, la Reine a ensuite tenté de prendre le contrôle de Manhattan.

Le sérum du super-soldat ralentit le vieillissement de la Reine.

À New York, nombreux sont les vilains qui se sont prosternés devant elle.

VAINCRE LA REINE
À l'époque de la Seconde Guerre mondiale, Adriana a eu une brève liaison avec Steve Rogers, alias Captain America. Mais, depuis, Cap a combattu aux côtés de Spidey à chaque fois que la Reine a menacé New York. Et quand cette dernière a fait de Steve un « Roi-Araignée », Spider-Man a réussi à rendre son humanité à son ami.

CARTE D'IDENTITÉ
VRAI NOM : Adriana Soria
PROFESSION : Ancienne militaire de l'armée américaine
BASE : New York
TAILLE : 1,78 m
POIDS : 56,7 kg
YEUX : Marron
CHEVEUX : Noirs
ORIGINE : Mutante, totem araignée ; les pouvoirs latents d'Adriana ont été activés après une exposition aux radiations.
POUVOIRS : Adriana peut contrôler toute créature possédant le « gène insectoïde ». Le programme super-soldat lui a donné des capacités surhumaines. Elle possède aussi un cri sonique dévastateur.

FACULTÉS

PROJECTION D'ÉNERGIE	FORCE	RÉSISTANCE	APTITUDE AU COMBAT	INTELLIGENCE	RAPIDITÉ
5	4	2	4	4	2

R RANDY ROBERTSON

Fils de Robbie Robertson du *Daily Bugle*, Randy Robertson est allé à l'université avec Peter Parker. Connu pour son activisme et son courage lorsqu'il s'exprime au nom des plus défavorisés, Randy a poursuivi une carrière de travailleur social. Peter et lui ont été colocataires et sont toujours bons amis.

Randy est souvent mêlé aux aventures de Spidey, mais il ignore que le Tisseur est en réalité son ami Peter.

CARTE D'IDENTITÉ

VRAI NOM : Randolph « Randy » Robertson
PROFESSION : Travailleur social ; ancien étudiant
BASE : New York
TAILLE : 1,83 m
POIDS : 83,91 kg
YEUX : Marron
CHEVEUX : Noirs
ORIGINE : Humain
POUVOIRS : Randy n'a pas de super-pouvoirs mais c'est un excellent journaliste, qui s'investit beaucoup dans les causes qu'il soutient.

POUVOIRS ÉPHÉMÈRES

En plus de son poste de travailleur social, Randy a été vidéaste pour le *Daily Bugle*. Lors de l'épidémie de pouvoirs d'araignée causée par la Reine à New York, Randy a temporairement acquis la faculté d'adhérer aux murs, ainsi qu'une force surhumaine. Heureusement, Spider-Man a mis fin au règne pervers et terrifiant de la Reine.

Randy est vif d'esprit et têtu.

Randy est tombé amoureux de Janice Lincoln (le Scarabée), la fille de Tombstone, l'ennemi juré de Robbie Robertson.

FACULTÉS

PROJECTION D'ÉNERGIE	FORCE	RÉSISTANCE	APTITUDE AU COMBAT	INTELLIGENCE	RAPIDITÉ
1	2	2	2	2	2

RED GOBLIN
(LE BOUFFON ROUGE)

R

Les bombes-Carnage du Bouffon Rouge contiennent chacune un fragment du symbiote. Osborn peut parler à travers elles. Ces bombes sont susceptibles de causer de douloureuses morsures et des explosions.

Norman Osborn a utilisé le symbiote Carnage pour remplacer les nanites que lui avait implantées Spider-Man, afin de l'empêcher de redevenir le Bouffon Vert. Le symbiote s'est alors combiné avec les pouvoirs du Bouffon, créant le Bouffon Rouge. Ce dernier n'a quasiment aucune faiblesse. Mais Spider-Man a su faire appel à l'arrogance d'Osborn pour le piéger. Le Tisseur l'a poussé à se débarrasser de Carnage, ce qui lui a permis de le combattre plus facilement.

Il n'a pas besoin de l'armure du Bouffon Vert car il bénéficie d'importantes facultés de guérison.

Contrairement à certains symbiotes, le Bouffon Rouge n'est pas vulnérable au feu ou aux bruits violents, mais il peut être blessé par Anti-Venom.

SANS LIMITES
Norman Osborn était prêt à sacrifier sa santé mentale pour retrouver ses pouvoirs, ce que lui a accordé le symbiote Carnage. À force de lutter contre Spider-Man, en s'attaquant non seulement aux proches du héros mais aussi aux siens, l'esprit d'Osborn a fini par être brisé. Il se prend à présent pour Cletus Kasady, l'hôte original de Carnage.

CARTE D'IDENTITÉ
VRAI NOM : Norman Osborn
PROFESSION : Super-vilain
BASE : New York
TAILLE : 1,80 m
POIDS : 84 kg
YEUX : Jaunes
CHEVEUX : Aucun
ORIGINE : Mutant humain lié à un symbiote extraterrestre.
POUVOIRS : Lié au symbiote Carnage, Osborn a ainsi retrouvé ses pouvoirs du Bouffon Vert : super-force, vitesse, endurance, agilité et réflexes, sans oublier la faculté d'adhérer aux murs, de lancer des toiles et de changer de forme. Il a des propriétés de guérison améliorées.

FACULTÉS

PROJECTION D'ÉNERGIE	FORCE	RÉSISTANCE	APTITUDE AU COMBAT	INTELLIGENCE	RAPIDITÉ
3	5	5	3	4	3

R RED RICHARDS

Le génial Red Richards a conçu le vaisseau qui l'a emmené dans l'espace avec ses compagnons, où ils ont tous acquis des super-pouvoirs. Devenu Mr Fantastic, il a fondé les Quatre Fantastiques. Mentor de Spider-Man, il encourage sa curiosité scientifique. Il est marié à Sue Storm (la Femme Invisible), avec qui il a eu deux enfants : Franklin et Valeria Richards.

Les connaissances de Red Richards lui ont valu de rejoindre un groupe d'élite (incluant également Iron Man et le Doctor Strange), qui veille sur l'avenir de la Terre.

CARTE D'IDENTITÉ

VRAI NOM : Red Richards

PROFESSION : Scientifique ; aventurier ; auparavant être cosmique

BASE : 4 Yancy Street, New York

TAILLE : 1,85 m

POIDS : 81,65 kg

YEUX : Marron

CHEVEUX : Bruns (blancs aux tempes)

ORIGINE : Mutant humain ; exposé à un rayonnement cosmique.

POUVOIRS : Red peut étirer son corps dans tous les sens. Cependant, sa capacité la plus étonnante demeure son génie scientifique.

Red peut utiliser son élasticité pour absorber l'impact d'un projectile et le relancer sur son adversaire.

Red peut agrandir son corps, mais aussi le rétrécir jusqu'à une taille minuscule.

CONNAISSANCES ILLIMITÉES
Red Richards est un expert dans presque tous les domaines. Il voit en Peter Parker un étudiant doué pour les sciences et il l'encourage dans cette voie. Il est l'un des rares à connaître son identité secrète de Spider-Man.

FACULTÉS

PROJECTION D'ÉNERGIE	FORCE	RÉSISTANCE	APTITUDE AU COMBAT	INTELLIGENCE	RAPIDITÉ
1	2	5	3	6	2

Rio fait appel à sa mère, la redoutable Gloria, quand elle veut que son fils améliore ses manières.

RIO MORALES

R

Rio Morales est la mère dévouée de Miles Morales, alias Spider-Man. Quand sa famille a été recréée sur la Terre-616, elle ne savait pas que son fils était un super-héros, contrairement à sa précédente réalité. Lorsque Rio a appris la vérité, elle a été blessée que Miles et Jeff, son mari, lui aient caché ce secret. Elle apprend à vivre avec cette information, sans jamais renoncer à son attitude protectrice vis-à-vis de Miles.

Infirmière, Rio connaît les dangers des rues de Brooklyn.

Rio est originaire de Porto Rico.

VIE PASSÉE
Dans sa réalité originelle de la Terre-1610, Rio a été victime d'un tir perdu au cours d'un affrontement entre Venom et la police. Son fils a été dévasté par sa mort, mais la famille a pu à nouveau être réunie lorsque le multivers a été restauré par l'Homme-Molécule, car Rio a été ramenée à la vie.

CARTE D'IDENTITÉ

VRAI NOM : Rio Morales
PROFESSION : Infirmière
BASE : Brooklyn, New York
TAILLE : 1,78 m
POIDS : 61 kg
YEUX : Marron
CHEVEUX : Bruns
ORIGINE : Humaine ; originaire de la Terre-1610.
POUVOIRS : Rio n'a pas de super-pouvoirs, mais elle a suivi une formation médicale et est une excellente infirmière.

FACULTÉS

PROJECTION D'ÉNERGIE	FORCE	RÉSISTANCE	APTITUDE AU COMBAT	INTELLIGENCE	RAPIDITÉ
1	1	1	1	2	1

R RHINO

Si Rhino fonce sur vous, écartez-vous ! Le malfrat Aleksei Sytsevich s'est retrouvé irréversiblement greffé à un robuste exosquelette et il est devenu un implacable homme de main. Limité intellectuellement, il vend ses services à des super-vilains qui lui disent quoi faire.

Même si Rhino sait qu'il n'est pas le plus malin des super-vilains, il s'énerve à l'idée qu'on se moque de lui dans son dos.

CARTE D'IDENTITÉ

VRAI NOM : Aleksei Mikhailovich Sytsevich
PROFESSION : Criminel professionnel
BASE : Anciennement Pyramide Transamerica, San Francisco
TAILLE : 1,96 m
POIDS : 322,05 kg
YEUX : Marron
CHEVEUX : Bruns
ORIGINE : Mutant humain ; corps transformé par radiations gamma.
POUVOIRS : Les rayons gamma attribuent à Rhino force surhumaine, vitesse et résistance. Ses pouvoirs sont considérablement améliorés par son exosquelette en polymère armé, qui ressemble à du cuir de rhinocéros.

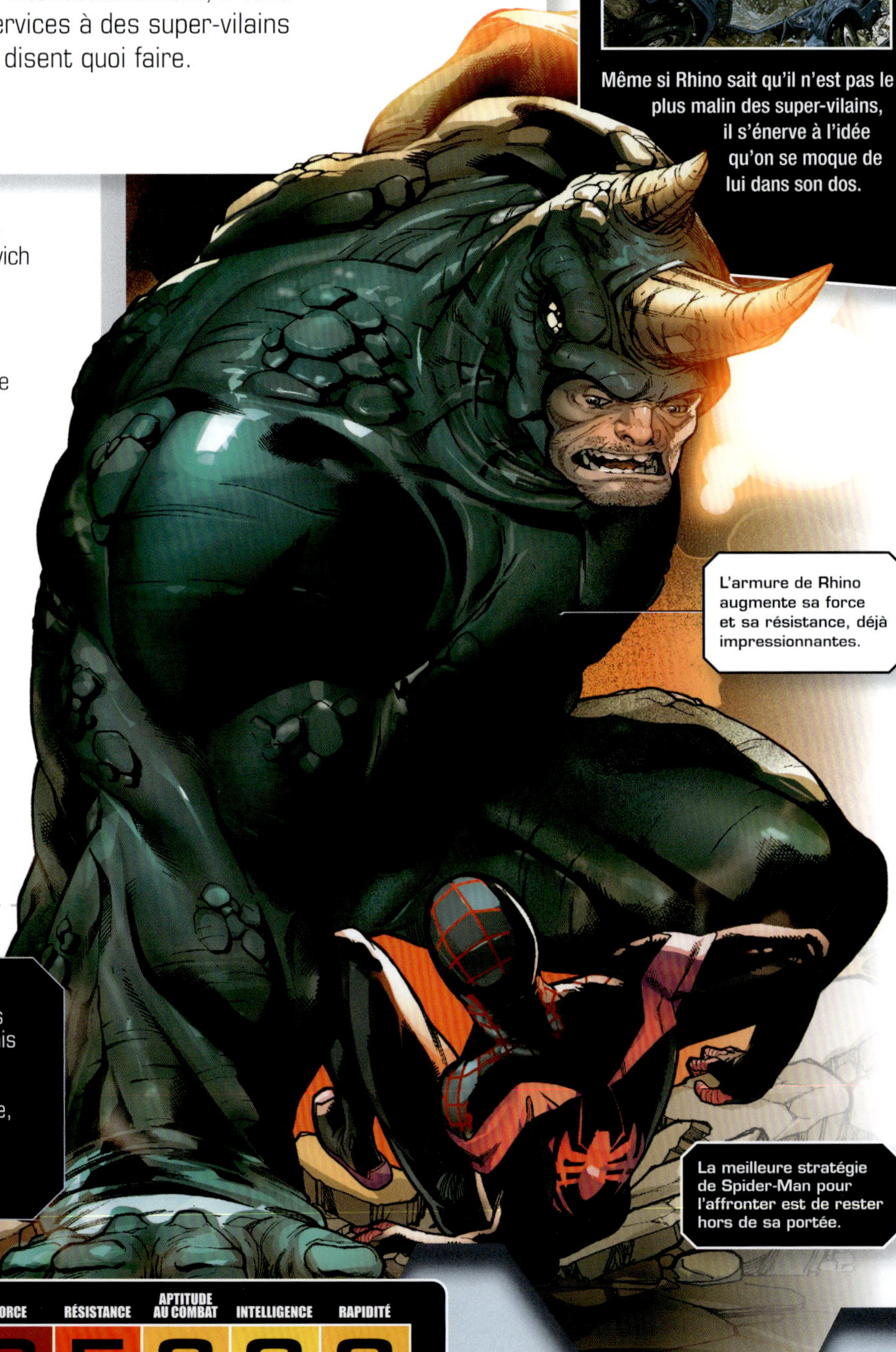

L'armure de Rhino augmente sa force et sa résistance, déjà impressionnantes.

La meilleure stratégie de Spider-Man pour l'affronter est de rester hors de sa portée.

UN ENNEMI DE LONGUE DATE
Rhino a subi bien des défaites en affrontant Spider-Man, mais il reste fidèle à son existence de criminel, la seule qu'il a connue. Lors d'une expérience, il a brièvement acquis une intelligence supérieure, mais il l'a aussitôt perdue.

FACULTÉS

PROJECTION D'ÉNERGIE	FORCE	RÉSISTANCE	APTITUDE AU COMBAT	INTELLIGENCE	RAPIDITÉ
1	6	5	3	2	3

Robbie était assez courageux pour tenir tête aux accès de colère de J. Jonah Jameson, et lui faisait même parfois entendre raison !

ROBBIE ROBERTSON

R

Joe « Robbie » Robertson est l'un des membres les plus respectés de la rédaction du *Daily Bugle*. Il a aidé Peter lorsque celui-ci est devenu photographe pour le quotidien. Pendant longtemps, son calme a compensé la nature irascible du rédacteur en chef J. Jonah Jameson. Il a ensuite pris sa place à la tête du journal.

Robbie a beaucoup de respect pour les compétences journalistiques de Peter.

Avec Robbie aux commandes, le personnel du *Daily Bugle* sait qu'il sera traité avec équité.

SECRETS ENFOUIS
Pendant des années, Robbie s'en est voulu d'avoir peur de témoigner contre le tueur à gages Tombstone. Spider-Man a fini par l'aider à livrer le criminel à la justice. Depuis, Robbie considère Spidey comme son ami. Sous sa direction, le *Daily Bugle* s'est mis à décrire le justicier sous un jour beaucoup plus favorable.

CARTE D'IDENTITÉ

VRAI NOM : Joseph « Robbie » Robertson
PROFESSION : Journaliste ; rédacteur en chef du *Daily Bugle*
BASE : Nouveau bâtiment du *Daily Bugle*, New York
TAILLE : 1,85 m
POIDS : 91,17 kg
YEUX : Marron
CHEVEUX : Blancs
ORIGINE : Humain
POUVOIRS : Journaliste, Robbie a pris la tête du quotidien. Il est sensé, courageux, intègre et intelligent.

FACULTÉS

PROJECTION D'ÉNERGIE	FORCE	RÉSISTANCE	APTITUDE AU COMBAT	INTELLIGENCE	RAPIDITÉ
1	2	2	2	3	2

R ROSE

Richard Fisk, fils du Caïd, hésitait entre se joindre à l'empire criminel de son père ou bien le renverser. Il a pris l'identité de la Rose et a tenté, à plusieurs reprises, de faire vaciller l'entreprise familiale. Démarrant une guerre des gangs sous le nom de « The Blood Rose », il semble avoir été exécuté de la main de sa propre mère.

La Rose est monté dans la hiérarchie criminelle en éliminant quelques rivaux. Il était charmant, mais également sans pitié.

CARTE D'IDENTITÉ

VRAI NOM : Richard Fisk
PROFESSION : Caïd du crime
BASE : Anciennement New York
TAILLE : 1,78 m
POIDS : 83,91 kg
YEUX : Bleus
CHEVEUX : Blonds
ORIGINE : Humain
POUVOIRS : La Rose a suivi les traces de son père en devenant un machiavélique génie du crime. Il manie la plupart des armes à feu.

LE CHEF DE GANG

Richard Fisk dissimulait son identité derrière un masque intégral. Il a vite acquis la réputation d'être un chef de gang imperturbable. Un de ses plus célèbres coups, le trucage de matchs de football américain, a été révélé par Spidey et le *Daily Bugle*.

FACULTÉS

PROJECTION D'ÉNERGIE	FORCE	RÉSISTANCE	APTITUDE AU COMBAT	INTELLIGENCE	RAPIDITÉ
2	2	3	4	3	2

L'Homme-Sable et Spidey ont parfois travaillé ensemble et ont tous deux été membres des Outlaws.

SANDMAN (L'HOMME-SABLE)

En s'évadant de prison, Flint Marko s'est retrouvé au beau milieu d'une expérience atomique. Exposé aux radiations, il est devenu l'Homme-Sable. Désormais constitué de sable vivant et capable de prendre n'importe quelle forme, il a combattu Spider-Man seul, mais aussi en tant que membre des Sinister Six et des Terrifics. Il a fini par faire la paix avec le Tisseur.

L'Homme-Sable peut contrôler chaque particule de son corps.

William utilise souvent le pseudonyme de « Flint Marko ».

BONNES INTENTIONS
L'Homme-Sable n'est pas foncièrement mauvais. Il a tenté d'obtenir la garde de Keemia, une enfant qu'il considère comme sa fille, et il s'est attaqué à des vilains comme Octopus, parce que ses actions mettaient l'enfant en danger.

CARTE D'IDENTITÉ

VRAI NOM : William Baker
PROFESSION : Aventurier ; chasseur de primes
BASE : Mobile
TAILLE : 1,85 m
POIDS : 204,12 kg
YEUX : Aucun
CHEVEUX : Aucun
ORIGINE : Mutant humain ; corps altéré par l'exposition aux radiations.
POUVOIRS : L'Homme-Sable peut transformer tout ou partie de son corps en particules semblables à du sable, atteindre une taille colossale et acquérir une force surhumaine. Il sait aussi combiner ses particules en armes ou bien les tirer sur ses adversaires.

FACULTÉS

PROJECTION D'ÉNERGIE	FORCE	RÉSISTANCE	APTITUDE AU COMBAT	INTELLIGENCE	RAPIDITÉ
1	6	6	4	2	2

S SASHA KRAVINOFF

Veuve de Kraven le Chasseur, Sasha Kravinoff tient Spider-Man pour responsable de la mort de son mari. Sa vengeance consiste à forcer le héros à combattre ses plus dangereux adversaires les uns après les autres, jusqu'à l'épuisement. Sasha a nommé cette guerre la « chasse de Grim » en hommage à son fils décédé, Vladimir, alias le Grim Hunter.

Ressuscité par Sasha, Kraven n'en est pas heureux car il considère que cette « non-vie » n'est pas un cadeau.

CARTE D'IDENTITÉ

VRAI NOM : Aleksandra « Sasha » Kravinoff
PROFESSION : Criminelle ; tueuse
BASE : Mobile **TAILLE :** 1,70 m
POIDS : 61,69 kg **YEUX :** Bleus
CHEVEUX : Noirs
ORIGINE : Humaine avec une ascendance inhumaine latente.
POUVOIRS : Sasha est une criminelle rusée et une tueuse que rien ne peut dévier de ses projets. Elle est aussi une habile chasseresse et une virtuose des arts martiaux.

Sasha est prête à tout pour réhabiliter le nom de sa famille et garder les siens au sommet de la chaîne alimentaire.

UNE IMPITOYABLE MANIPULATRICE
Sasha rassemble les membres survivants de la famille Kravinoff, dont sa fille Ana et le demi-frère malfaisant de Kraven, le Caméléon, dans l'espoir de ressusciter son mari. Elle kidnappe aussi Madame Web et Spider-Woman (Mattie Franklin). Son objectif final est de tuer Spidey !

Grande manipulatrice, elle est une adversaire redoutable.

FACULTÉS

PROJECTION D'ÉNERGIE	FORCE	RÉSISTANCE	APTITUDE AU COMBAT	INTELLIGENCE	RAPIDITÉ
1	2	2	4	3	2

SCARLET SPIDER BEN REILLY

Quand Kaine, le « frère cloné » de Ben Reilly, utilise l'identité de Scarlet Spider, il arbore un costume noir et rouge, aux yeux rouges et au pouvoir de furtivité.

Ben Reilly, le clone de Peter Parker, est convaincu comme lui qu'un grand pouvoir implique de grandes responsabilités. C'est pourquoi il a choisi la voie de l'héroïsme. Cherchant à forger sa propre vie et son identité, il est devenu Scarlet Spider, nom qui lui a été donné par un journaliste. Bien que créé à l'origine pour éliminer Spider-Man, Ben est considéré comme un frère par Peter Parker.

Le costume de Scarlet Spider de Ben Reilly comprend un sweat à capuche personnalisé.

Scarlet Spider porte un ceinturon, des lance-toiles et un masque, qui protège autant le secret de Peter Parker que le sien.

CLONES RIVAUX
Ben Reilly est le plus ancien Scarlet Spider, mais un autre ami de Spider-Man, un clone appelé Kaine, a également endossé cette identité. Kaine l'a utilisée comme une forme d'expiation pour son passé. Il a choisi de rester à Houston, au Texas, plutôt que de revenir à New York où se côtoient deux super-héros. Autrefois ennemis, les deux Scarlet Spider ont appris à collaborer.

CARTE D'IDENTITÉ

VRAI NOM : Benjamin Reilly
PROFESSION : Super-héros
BASE : New York
TAILLE : 1,78 m
POIDS : 75 kg
YEUX : Noisette
CHEVEUX : Bruns
ORIGINE : Clone de Peter Parker, créé par le Chacal (Miles Warren).
POUVOIRS : Ben possède ceux de Peter Parker : super force, vitesse, endurance, résistance, agilité et réflexes. Il détient la capacité de ramper sur les murs et le sens d'araignée.

FACULTÉS

PROJECTION D'ÉNERGIE	FORCE	RÉSISTANCE	APTITUDE AU COMBAT	INTELLIGENCE	RAPIDITÉ
1	4	3	4	4	3

S SCORCHER

Furieux que son patron l'ait accusé de vol, le chimiste Steven Hudak s'est construit un costume équipé de lance-flammes et il est devenu Scorcher. Spider-Man l'a empêché de réduire la société en cendres. Mais plus tard, le super-vilain se retrouve à la solde de chefs de gang.

Les décharges enflammées de Scorcher vont brûler Spidey s'il reste dans sa ligne de mire.

CARTE D'IDENTITÉ
VRAI NOM : Steven Hudak
PROFESSION : Criminel professionnel ; ancien chimiste
BASE : Mobile
TAILLE : 1,78 m
POIDS : 79,38 kg
YEUX : Marron
CHEVEUX : Aucun
ORIGINE : Humain
POUVOIRS : Le costume renforcé de Scorcher lui fournit une résistance surhumaine et intègre de puissants lance-flammes. Il vole en utilisant un réacteur dorsal.

TOUT FEU TOUT FLAMMES
Scorcher a rejoint l'armée de criminels de Hood et s'est attaqué au rival de celui-ci, Mister Negative. Cela a permis à Scorcher d'affronter à nouveau Spider-Man. Le Tisseur s'est alors avéré trop rapide et agile pour lui, mais Scorcher est bien déterminé à le griller sur place, un jour.

FACULTÉS

PROJECTION D'ÉNERGIE	FORCE	RÉSISTANCE	APTITUDE AU COMBAT	INTELLIGENCE	RAPIDITÉ
4	2	3	4	4	3

Quand New York a été piégée sous un dôme d'énergie de la Force de l'Ombre, Scorpia a fait équipe avec un autre vilain, Shocker, et avec Malicia, des X-Men, pour sauver la ville.

SCORPIA

Elaine Coll a d'abord pris l'identité de Scorpia pour servir l'organisation criminelle de la Maggia. Équipée d'une combinaison high-tech par le chef de gang Silvermane, Scorpia a fini par se faire connaître à New York comme une criminelle et une mercenaire renommée. Fatalement, cela l'a conduite à affronter divers protecteurs de la ville, dont Daredevil et Spider-Man.

EN ÉQUIPE
Bien qu'elle n'aime pas partager, Scorpia a souvent appartenu à des équipes de super-vilains. Elle a ainsi combattu aux côtés de la Guilde des Assassins, des Sinistres Sept et du Syndicat. Elle a également fait ses débuts au sein de la Maggia, la redoutable famille du crime organisé.

CARTE D'IDENTITÉ

VRAI NOM : Elaine Coll
PROFESSION : Super-vilaine
BASE : New York
TAILLE : 1,78 m
POIDS : 63,5 kg
YEUX : Marron
CHEVEUX : Noirs
ORIGINE : Humaine
POUVOIRS : Scorpia utilise une version améliorée de la combinaison du Scorpion (Mac Gargan). Elle accroît sa force et sa puissance à 500 % et lui offre une protection contre les blessures mortelles grâce à un champ de force. Sa queue et ses pinces peuvent créer diverses explosions d'énergie.

FACULTÉS

PROJECTION D'ÉNERGIE	FORCE	RÉSISTANCE	APTITUDE AU COMBAT	INTELLIGENCE	RAPIDITÉ
4	4	4	3	2	4

S SCORPION

Transformé par un mutagène expérimental, Mac Gargan a hérité de la force et des réflexes surdéveloppés d'un scorpion, ainsi que d'une armure cybernétique pourvue d'une redoutable queue. J. Jonah Jameson l'a persuadé de s'en prendre à Spider-Man, mais il n'est jamais parvenu à lui asséner de coup mortel. Plus tard, lié au symbiote Venom, puis paralysé par Carnage, Gargan est devenu totalement dépendant de son armure de scorpion pour se mouvoir.

Parmi les divers équipements de son armure, on compte des armes intégrées et des dards mortels, ce qui en fait un ennemi imprévisible pour Spidey.

CARTE D'IDENTITÉ

VRAI NOM : MacDonald « Mac » Gargan
PROFESSION : Agent d'élite pour Alchemax ; homme de main pour le gang de la Chatte Noire
BASE : Tour d'Alchemax, New York
TAILLE : 1,88 m
POIDS : 99,79 kg
YEUX : Marron
CHEVEUX : Rasés
ORIGINE : Mutant humain ; a subi une augmentation des qualités humaines pour devenir le Scorpion.
POUVOIRS : Le Scorpion a la force et l'agilité d'un scorpion à taille humaine. Son costume de combat est pourvu d'une queue mécanique qui peut piquer, tirer des décharges électriques ou le propulser dans les airs.

CHANGEMENT DE LOOK
Mac Gargan est devenu le nouvel hôte du symbiote Venom, et a même endossé l'identité du faux « Spider-Man », membre des Dark Avengers de Norman Osborn. Cependant, comme le rôle du Scorpion lui a toujours tenu à cœur, il a bien vite repris son identité classique.

FACULTÉS

PROJECTION D'ÉNERGIE	FORCE	RÉSISTANCE	APTITUDE AU COMBAT	INTELLIGENCE	RAPIDITÉ
1	5	5	2	2	3

Ses cascades intrépides lui permettent de prendre l'avantage sur Spider-Man.

SCREWBALL

Nouvelle venue dans le monde des super-vilains, Screwball aime fanfaronner avec ses enchaînements complexes de gymnaste aguerrie et ses cascades spectaculaires. Ses exploits sont toujours diffusés en direct sur Internet. Lorsqu'elle a tenté de se faire passer pour Spider-Man, le spectacle s'est vite interrompu avec l'entrée en scène du véritable Tisseur.

Screwball a été embauchée par Mysterio comme directrice de production d'un film hollywoodien.

Malgré ses innombrables followers, Screwball a réussi à garder sa véritable identité secrète.

EN QUÊTE DE PUBLICITÉ
Le but des cambriolages à haut risque de Screwball n'est pas de gagner de l'argent, mais de la notoriété. Une équipe de vidéastes suit ses actions, diffuse en direct ses exploits sur Internet et édite des compilations de ses actes les plus spectaculaires.

CARTE D'IDENTITÉ

VRAI NOM : Inconnu
PROFESSION : Marchande d'armes ; criminelle ; artiste
BASE : Anciennement Las Vegas, Nevada
TAILLE : 1,75 m
POIDS : 59,87 kg
YEUX : Bleus
CHEVEUX : Violets
ORIGINE : Humaine
POUVOIRS : Screwball n'a pas de super-pouvoirs, mais elle est une gymnaste hors pair, particulièrement douée pour sauter d'un toit à l'autre.

FACULTÉS

PROJECTION D'ÉNERGIE	FORCE	RÉSISTANCE	APTITUDE AU COMBAT	INTELLIGENCE	RAPIDITÉ
1	2	2	2	2	2

SCRIER

Scrier appartient à la mystérieuse secte de la Confrérie de Scrier et obéit à son chef, Norman Osborn. Quand l'étrange Judas Traveller a manipulé Spider-Man et son clone Ben Reilly, Scrier était en alerte afin de s'assurer que tout se déroulait suivant les plans d'Osborn, avant de disparaître à nouveau dans l'ombre.

Spider-Man a affronté la Confrérie de Scrier, mais ses membres sont vite remplacés si l'un d'eux est arrêté ou tué.

CARTE D'IDENTITÉ

VRAI NOM : Scrier
PROFESSION : Être cosmique
BASE : Temple caché dans l'Himalaya
TAILLE : Inconnue
POIDS : Inconnu
YEUX : Rouges
CHEVEUX : Inconnus
ORIGINE : Être cosmique
POUVOIRS : Scrier est un rusé stratège et un manipulateur. C'est aussi un redoutable combattant, capable d'utiliser un arsenal d'armes perfectionnées.

Scrier affectionne la discrétion et préfère agir secrètement.

Si on l'oblige à se battre, il devient un adversaire sournois et dangereux.

SOMBRES CONNEXIONS
Scrier tire ses pouvoirs de l'organisation à laquelle il appartient. La Confrérie est très liée au monde international des affaires, à la pègre et à la classe politique dominante. Les membres de la Confrérie agissent rarement de manière directe, préférant rester dans l'ombre.

FACULTÉS

PROJECTION D'ÉNERGIE	FORCE	RÉSISTANCE	APTITUDE AU COMBAT	INTELLIGENCE	RAPIDITÉ
3	2	2	5	4	2

SHADRAC

Face à la police, Shadrac se moque ouvertement des agents qui le menacent avec leurs armes.

Le maléfique Shadrac est en fait Dr Gregory Herd, un génie qui avait pris l'identité d'Override. À l'aide d'un casque cybernétique, il contrôlait les machines (y compris les lance-toiles de Spidey). Lors d'une cérémonie occulte, il a ensuite obtenu les dons surnaturels de Shadrac.

Son corps étant en flammes, il a une poigne de feu.

CHAUD BOUILLANT
Spider-Man a d'abord affronté Shadrac sous l'identité d'Override. Pour le match retour, le super-vilain est devenu un être de flammes. Comme cet état le faisait souffrir en permanence, Spidey a tenté d'apaiser sa douleur, mais rien n'a semblé pouvoir le guérir.

CARTE D'IDENTITÉ

VRAI NOM : Gregory « Greg » Herd
PROFESSION : Chercheur en informatique ; mercenaire ; chasseur de primes
BASE : Mobile
TAILLE : 1,78 m
POIDS : 77,11 kg
YEUX : Aucun
CHEVEUX : Aucun
ORIGINE : Humain possédé
POUVOIRS : Shadrac peut invoquer et contrôler les flammes, ainsi que manipuler les émotions des autres pour obtenir ce qu'il désire.

FACULTÉS

PROJECTION D'ÉNERGIE	FORCE	RÉSISTANCE	APTITUDE AU COMBAT	INTELLIGENCE	RAPIDITÉ
5	4	6	2	4	2

S SHANG-CHI

Shang-Chi est l'un des plus grands maîtres en arts martiaux au monde. Il est surnommé le Maître du Kung Fu. Piégé par un père qui voulait faire de lui un assassin, il a rejeté cette voie et s'est employé à précipiter la chute de son géniteur. Il a entraîné Spider-Man au combat à mains nues.

Shang-Chi et Spider-Man forment un duo de choc, associant la maîtrise du combat aux pouvoirs arachnéens.

CARTE D'IDENTITÉ

VRAI NOM : Shang-Chi
PROFESSION : Suprême Commandant de la Société des Cinq Armes
BASE : House of the Deadly Hand, New York
TAILLE : 1,78 m
POIDS : 79,38 kg
YEUX : Marron **CHEVEUX** : Noirs
ORIGINE : Humain
POUVOIRS : L'entraînement aux arts martiaux donne à Shang-Chi un contrôle parfait de son corps. Il peut supporter la douleur et résister aux drogues et poisons. La maîtrise de son Chi lui attribue une force décuplée et la capacité d'esquiver les balles.

UN SUPER ENTRAÎNEUR
Shang-Chi a adapté le style de combat de Spider-Man afin de prendre en compte la vitesse et l'agilité surhumaines du Tisseur. L'entraînement qu'il lui a donné a beaucoup fait progresser Spider-Man en combat à mains nues. Les deux héros se sont ensuite alliés face à Mister Negative, qui faisait illégalement entrer des immigrés chinois aux États-Unis.

FACULTÉS

PROJECTION D'ÉNERGIE	FORCE	RÉSISTANCE	APTITUDE AU COMBAT	INTELLIGENCE	RAPIDITÉ
1	2	2		3	2

SHATHRA

Après l'avoir piégé, Shathra a injecté à Spider-Man un venin paralysant qui a failli le tuer.

Quand Spider-Man a rencontré Ezekiel, il a appris qu'il était peut-être le mystique totem araignée. Cette révélation a fait de lui la cible de Shathra, le totem guêpe-araignée ! En tant que prédatrice naturelle de l'araignée, Shathra a obligé Spider-Man à l'affronter et lui a révélé sa véritable forme.

LE FACE-À-FACE
Guidé par Ezekiel, Spider-Man a organisé sa revanche dans un temple africain afin de prendre le dessus sur Shathra. Elle a perdu le combat et est devenue la proie des créatures arachnéennes qui vivaient dans les catacombes du temple.

CARTE D'IDENTITÉ

VRAI NOM : Shathra
PROFESSION : Mère du Plan Astral habité par les guêpes-araignées
BASE : Plan Astral
TAILLE : 1,88 m
POIDS : 54,43 kg
YEUX : Blancs ou rouges
CHEVEUX : Noirs
ORIGINE : Totem guêpe-araignée
POUVOIRS : Shathra est un pompile, une guêpe-araignée dotée d'une force surhumaine, d'une agilité et de sens accrus. Elle peut se téléporter, possède des griffes et tire des dards acérés.

FACULTÉS

PROJECTION D'ÉNERGIE	FORCE	RÉSISTANCE	APTITUDE AU COMBAT	INTELLIGENCE	RAPIDITÉ
3	4	3	4	2	3

S.H.I.E.L.D.

Formé après la Seconde Guerre mondiale, le S.H.I.E.L.D. est une agence pour le maintien de la paix qui opère dans le plus grand secret. Le S.H.I.E.L.D. est équipé d'un fabuleux matériel high-tech, dont un héliporteur volant. Les agents de cette organisation ont souvent reçu l'aide de Peter Parker et Miles Morales. Le S.H.I.E.L.D. a été dissous lorsque Hydra a pris le contrôle des États-Unis.

MEMBRES CLÉS

1. **Nick Fury :** ancien Ranger de l'armée, renforcé par la formule d'infinité.
2. **Black Widow :** parmi les meilleurs agents secrets.
3. **Hawkeye :** tireur d'élite, également membre des Avengers.
4. **Maria Hill :** l'implacable directrice de l'organisation.
5. **Phil Coulson :** expert en opérations spéciales.

NOUVELLE DIRECTION
Pendant une brève période, Norman Osborn a remplacé le S.H.I.E.L.D. par sa propre agence malfaisante, le H.A.M.M.E.R. Quand Osborn a utilisé ses forces pour assiéger Asgard, Spider-Man et d'autres héros se sont efforcés d'interrompre la guerre et de jeter le discrédit sur cette organisation.

SHOCKER

Lors de la contamination de New York par un spider-virus, le Shocker a acquis une paire de bras supplémentaire, ce qui l'a rendu deux fois plus dangereux !

Le perceur de coffres-forts Herman Schultz est passé au niveau supérieur en imaginant une paire de gants « vibro-destructeurs » qui envoient des décharges d'air comprimé. Il est ainsi devenu le Shocker et s'en est pris à des chambres fortes et à des camions blindés. Spider-Man l'a arrêté bien des fois, mais il est trop cupide pour renoncer.

TOUJOURS PRÊT
Le Shocker n'a sans doute pas souvent vaincu Spider-Man, mais il l'a régulièrement mis en péril. Cela fait de lui un homme de main utile, souvent employé pour retarder le Tisseur afin de permettre, pendant ce temps, à un autre criminel d'accomplir son forfait.

CARTE D'IDENTITÉ

VRAI NOM : Herman Schultz
PROFESSION : Seigneur du crime ; assassin
BASE : New York
TAILLE : 1,75 m
POIDS : 79,38 kg
YEUX : Marron
CHEVEUX : Bruns
ORIGINE : Humain
POUVOIRS : Le Shocker est un ingénieur surdoué. Il porte une tenue de combat qui absorbe les chocs. Ses gants possèdent des unités « vibro-chocs » qui projettent des décharges d'air comprimé ou des vibrations destructrices.

FACULTÉS

PROJECTION D'ÉNERGIE	FORCE	RÉSISTANCE	APTITUDE AU COMBAT	INTELLIGENCE	RAPIDITÉ
5	2	5	2	3	2

S SHRIEK

Lorsque Carnage est sorti de prison, il a emmené Shriek, sa codétenue, avec lui. Elle peut contrôler les ondes sonores, ce qui lui permet d'émettre des décharges soniques ou de manipuler les émotions et les sens de ses victimes. Elle a rejoint Carnage pour semer le chaos à New York. Arrêtée par Spider-Man, elle a de nouveau été incarcérée, mais s'est échappée pour retrouver Carnage et s'est sacrifiée pour lui, afin que son corps puisse accueillir le Bouffon Noir.

Shriek cherche à s'amuser aux dépens d'autrui, bien qu'elle sache aussi faire preuve d'affection envers Carnage et Carrion.

CARTE D'IDENTITÉ

VRAI NOM : Frances Louise Barrison
PROFESSION : Criminelle
BASE : Mobile
TAILLE : 1,73 m
POIDS : 52,16 kg
YEUX : Bleus
CHEVEUX : Noirs
ORIGINE : Mutante
POUVOIRS : Son cri peut engendrer un puissant rayon sonique qu'elle utilise comme arme ou pour voler. Elle possède également le pouvoir de l'Empathie Sombre, qui fait ressortir le mauvais côté des êtres lorsque son œil gauche brille.

Shriek peut faire naître l'angoisse et la peur chez ses victimes.

MENACES SONIQUES
Shriek ne se soucie pas des innocents. Quand elle s'est associée à Carnage pour attaquer New York, Spider-Man a dû travailler d'arrache-pied pour empêcher les immeubles de s'écrouler sur les habitants à cause des ondes soniques.

FACULTÉS

PROJECTION D'ÉNERGIE	FORCE	RÉSISTANCE	APTITUDE AU COMBAT	INTELLIGENCE	RAPIDITÉ
5	4	3	2	2	3

SILK

Cindy Moon a travaillé pour J. Jonah Jameson en tant qu'apprentie journaliste. Il ignore qu'il l'a embauchée une seconde fois lorsqu'il a recruté Silk comme garde du corps.

Cindy Moon a été mordue par la même araignée radioactive que Peter Parker. Après avoir développé des pouvoirs, elle a été entraînée par le totem araignée Ezekiel. Cependant, lorsque ce dernier a découvert que Morlun chassait les êtres aux pouvoirs d'araignée, il a enfermé Cindy dans un bunker pour la protéger. Elle y est restée pendant dix ans avant que Spider-Man la libère. Elle est ensuite devenue la super-héroïne Silk.

PAREILLE MAIS DIFFÉRENTE
Mordus par la même araignée, Cindy Moon et Peter Parker partagent une connexion. Ils peuvent ainsi se détecter n'importe où dans le Spider-Verse. Leurs pouvoirs présentent quelques différences importantes : Silk n'est pas aussi forte que Spidey, mais elle possède un meilleur sens d'araignée et elle peut produire sa propre toile avec ses mains.

CARTE D'IDENTITÉ

VRAI NOM : Cindy Moon
PROFESSION : Super-héroïne ; journaliste
BASE : New York
TAILLE : 1,70 m
POIDS : 59 kg **YEUX :** Marron
CHEVEUX : Noirs
ORIGINE : Mutante humaine ; mordue par la même araignée que Peter Parker.
POUVOIRS : Silk possède super-résistance, endurance, vitesse, robustesse, agilité et réflexes. Elle peut ramper sur les murs, produire et tirer sa propre toile, et possède un sens d'araignée ultra-sensible.

FACULTÉS

PROJECTION D'ÉNERGIE	FORCE	RÉSISTANCE	APTITUDE AU COMBAT	INTELLIGENCE	RAPIDITÉ
1	4	3	3	3	3

SILVERMANE

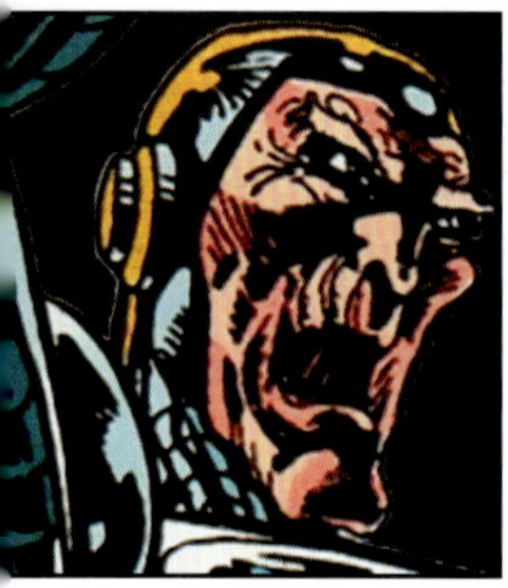

Silvio « Silvermane » Manfredi est le chef d'une des plus puissantes familles de la Maggia, la célèbre organisation criminelle. Il est aussi un des ennemis récurrents de Spider-Man. On a cru le voir périr lors d'une bataille contre Dr Barton Hamilton, lorsque ce dernier avait acquis les pouvoirs du Bouffon Vert. Mais Silvermane a ensuite réapparu dans le corps d'un cyborg.

Devenu cyborg, Silvermane possède un corps neuf et fort, ce qui le motive à reprendre la tête de la pègre.

CARTE D'IDENTITÉ

VRAI NOM : Silvio Manfredi
PROFESSION : Seigneur du crime ; cerveau criminel
BASE : New York
TAILLE : 1,88 m
POIDS : 88,45 kg
YEUX : Bleus
CHEVEUX : Argentés
ORIGINE : Cyborg humain
POUVOIRS : Silvermane a un corps cybernétique qui lui donne force surhumaine, robustesse, endurance et vitesse. C'est un tireur d'élite et un bon combattant au corps-à-corps.

Son corps mécanique résiste aux balles.

Il s'est surnommé Silvermane quand ses cheveux sont devenus gris (*silver* en anglais).

UN SUPPLÉMENT DE VIE
Après avoir affronté la Cape et l'Épée, Silvermane s'est retrouvé entre la vie et la mort. Toutefois, il a survécu en transférant ses restes organiques dans un corps de robot. Avec ses nouveaux modules argentés, il est devenu, au sein de la Maggia, l'un des plus puissants ennemis de Spidey.

FACULTÉS

PROJECTION D'ÉNERGIE	FORCE	RÉSISTANCE	APTITUDE AU COMBAT	INTELLIGENCE	RAPIDITÉ
1	4	5	4	2	3

SILVER SABLE

S

Silver Sable coopère avec de nombreux agents, mais Spidey demeure l'un de ses favoris.

Opérant depuis le minuscule pays de Symkarie, situé en Europe, Silver Sable dirige un groupe de mercenaires internationaux : le Wild Pack. Elle a hérité ce rôle de son père, qui avait formé cette organisation afin de pourchasser les criminels de guerre. Elle a collaboré avec Spider-Man lorsqu'elle a à son tour créé sa propre organisation, les Outlaws.

LEADER À PRINCIPES
Silver a des clients qui la paient très bien, mais elle n'accepte que les missions qui lui conviennent. Spider-Man l'a crue morte quand elle l'a aidé à vaincre le Docteur Octopus et une nouvelle incarnation des Sinister Six.

CARTE D'IDENTITÉ
VRAI NOM : Silvija Sablinova
PROFESSION : Monarque de Symkarie ; mercenaire ; présidente de Silver Sable International
BASE : Symkarie
TAILLE : 1,65 m
POIDS : 56,7 kg
YEUX : Bleus
CHEVEUX : Argentés
ORIGINE : Humaine
POUVOIRS : Silver Sable est une experte en arts martiaux, gymnaste, combattante au corps-à-corps, tireuse d'élite et escrimeuse accomplie. C'est aussi une grande dirigeante.

FACULTÉS

PROJECTION D'ÉNERGIE	FORCE	RÉSISTANCE	APTITUDE AU COMBAT	INTELLIGENCE	RAPIDITÉ
1	2	2	6	3	2

SIN-EATER (LE RÉDEMPTEUR)

Le mystérieux Rédempteur a assassiné la capitaine de police Jean DeWolff, l'amie de Spider-Man. Le Tisseur a ensuite travaillé avec l'inspecteur et ancien agent du S.H.I.E.L.D. Stan Carter pour résoudre tous les meurtres commis par le vilain. Spidey a fini par découvrir que le Rédempteur était en réalité Carter lui-même ! Abattu par une équipe du S.W.A.T., Carter a été plus tard ressuscité par l'Âme Sœur afin de combattre Spider-Man. Mais, finalement, Spidey l'a vaincu.

Stan Carter pensait à tort qu'il agissait pour le bien commun. Après son arrestation, il a continué à avoir des visions de son alter ego justicier.

CARTE D'IDENTITÉ

VRAI NOM : Stanley « Stan » Carter
PROFESSION : Tueur ; ancien policier et agent du S.H.I.E.L.D.
BASE : New York
TAILLE : 1,80 m
POIDS : 77 kg
YEUX : Bleus
CHEVEUX : Bruns, blancs aux tempes
ORIGINE : Mutant humain ; amélioré par des médicaments expérimentaux.
POUVOIRS : Le Rédempteur a suivi l'entraînement de la police. Il est un enquêteur et un combattant de haut niveau. Il maîtrise également l'usage de nombreuses armes à feu.

INFILTRÉ DANS LA POLICE
Stan Carter s'est servi de son entraînement au S.H.I.E.L.D. pour dissimuler sa véritable nature à ses collègues policiers et a choisi ses victimes en cherchant dans les affaires en cours. Il ne visait pas des malfaiteurs mais des représentants de l'autorité, qui, selon lui, avaient failli dans leur mission.

FACULTÉS

PROJECTION D'ÉNERGIE	FORCE	RÉSISTANCE	APTITUDE AU COMBAT	INTELLIGENCE	RAPIDITÉ
1	3	2	4	2	2

SINISTER SIX

Le Docteur Octopus a formé les Sinister Six en suivant un principe : l'union fait la force ! Avec Electro, Kraven le Chasseur, le Vautour, Mysterio et l'Homme-Sable, Doc Ock a essayé de vaincre Spider-Man, mais les Sinister Six ont à chaque fois échoué. Le nombre de vilains au sein de l'équipe a ensuite varié selon les versions, mais Octopus en est presque toujours resté un membre incontournable.

MEMBRES CLÉS

1. **Docteur Octopus :** maîtrise quatre tentacules mécaniques.
2. **Le Lézard :** contrôle les reptiles par télépathie et possède des dents tranchantes comme des rasoirs.
3. **Electro :** peut générer de puissantes décharges électriques.
4. **Mysterio :** produit illusions et hallucinations.
5. **Kraven le Chasseur :** doté d'une grande force et pisteur hors pair.
6. **L'Homme-Sable :** son corps de sable peut changer de forme.

Les gants et les bottes de Mysterio émettent un gaz hallucinogène.

L'avatar Lézard de Curt Connors a été séparé de force de son corps par le Docteur Octopus.

LE RETOUR DES SINISTRES

L'Âme Sœur a incité plusieurs groupes de super-vilains à attaquer Spider-Man en même temps. Au premier rang se trouvait la nouvelle version des Sinister Six, comprenant tous les membres d'origine sauf le Lézard, qui avait pris la tête des Savage Six. Le Vautour le remplaçait.

SINISTRE SYNDICAT
L'ORIGINAL

Inspiré par les Sinister Six, le Scarabée a recruté Hydro-Man, Boomerang, Speed Demon, Rhino et d'autres pour former une nouvelle équipe de super-vilains : le Sinistre Syndicat. Mais ils ont vite découvert qu'il y avait peu d'honneur entre les criminels. Les querelles internes, ainsi que la vigilance de Spider-Man, ont mené à la chute de l'organisation.

L'UNION FAIT LA FORCE
Contrairement aux Sinister Six d'Octopus, le Sinistre Syndicat cherchait plus à acquérir des richesses qu'à nuire à Spider-Man. Les membres de l'organisation pensaient qu'ils s'enrichiraient plus vite en s'associant, mais c'était compter sans Spidey.

MEMBRES CLÉS

1. **Hydro-Man :** constitué d'eau, il peut utiliser son corps pour attaquer ou fuir.
2. **Boomerang :** il est doué pour lancer son arsenal de boomerangs.
3. **Rhino :** il est incroyablement fort et porte une carapace quasiment indestructible.
4. **Le Scarabée :** son armure volante lance des décharges énergétiques.
5. **Speed Demon :** il court à une vitesse incroyable.

(SINISTRE) SYNDICAT

LE NOUVEAU

La nouvelle version du Sinistre Syndicat s'est fait connaître sous le nom du Syndicat. Il s'agit d'une équipe composée uniquement de super-vilaines, fondée par le Scarabée (Janice Lincoln) et financée par le Lapin Blanc. Le but est de mieux représenter les femmes dans le domaine du crime, dominé par les hommes. Contrairement à d'autres organisations, le Syndicat fournit à ses membres des équipements professionnels et leur finance un régime de retraite. Lorsque Spider-Man découvre l'existence de ce groupe, les super-vilaines organisent des « jeux » pour mieux utiliser en synergie les différentes forces de chacune.

MEMBRES CLÉS

1. Le Scarabée (Janice Lincoln) : la cheffe et fondatrice du groupe maîtrise les diverses capacités de son costume.

2. Electro (Francine Frye) : elle a absorbé les pouvoirs énergétiques du précédent Electro.

3. Lady Octopus : Carolyn Trainer, scientifique de génie, manipule des tentacules métalliques préhensiles, comme ceux de son mentor, Otto Octavius.

4. Scorpia : équipée à l'origine par la famille du crime la Maggia, son costume lui attribue des qualités améliorées, y compris une puissante « piqûre ».

5. Trapstr : la mystérieuse Trapstr tire une pâte adhésive qui peut immobiliser ses ennemis.

6. Le Lapin Blanc : la richissime Lorina Dodson finance le Syndicat et utilise une gamme de gadgets excentriques pour commettre ses crimes.

L'unité du Syndicat est menacée par les objectifs cachés et les ambitions personnelles des vilaines qui le composent.

S SLINGERS

Spider-Man a créé les identités alternatives de Hornet, Ricochet, Dusk et Prodigy pour son propre usage. Mais quand il a repris son identité originelle, quatre adolescents ont hérité de ses vieux costumes. Sous le nom de Slingers, cette escouade de débutants a combattu le mal et a tenté d'être à la hauteur du Tisseur.

Commandés par Prodigy, les Slingers ont eu des débuts difficiles, mais ils forment désormais une équipe efficace.

Comme Spider-Man, Ricochet peut sentir le danger imminent.

MEMBRES CLÉS

Hornet : son costume lui permet de voler et de projeter des rayons d'énergie.

Prodigy : sa tenue le protège et augmente sa force.

Ricochet : possède agilité surhumaine et capacité de sentir le danger.

Dusk : peut se téléporter et créer des objets en énergie noire.

GARDER LA FOI

Avant de pouvoir fonctionner en équipe, les Slingers ont dû apprendre à se faire mutuellement confiance. Black Marvel, un super-héros à la retraite, a cru en eux et les a aidés à suivre les traces de Spider-Man pour qu'ils deviennent les héros de la nouvelle génération.

SLYDE

Pour améliorer son costume, Slyde l'a complété d'armes comme des épées et des shuriken.

Ayant inventé une substance supprimant les frottements, le chimiste Jalome Beacher en a recouvert son costume pour devenir le criminel Slyde. Sa tenue lui permet d'échapper facilement à la toile adhésive de Spidey. Après un passage à Pleasant Hill, la prison ultra-secrète dans laquelle les vilains croyaient vivre dans une petite ville idyllique, Slyde est revenu aider Chance à mettre en place ses plans diaboliques.

INSAISISSABLE
Slyde a une attitude désinvolte envers le crime, convaincu que sa technologie anti-frottement va lui permettre d'échapper à la police. Spider-Man est forcé de changer d'approche lorsqu'il l'affronte, il sait sinon que l'escroc inventif risque de lui glisser entre les doigts.

CARTE D'IDENTITÉ

VRAI NOM : Jalome Beacher
PROFESSION : Mercenaire ; criminel professionnel
BASE : New York
TAILLE : 1,80 m
POIDS : 77,11 kg
YEUX : Marron
CHEVEUX : Noirs
ORIGINE : Humain
POUVOIRS : Ancien chimiste, Slyde porte un costume recouvert d'une substance si glissante qu'il peut échapper à n'importe quelle prise. Il peut se déplacer sur toutes les surfaces, comme s'il patinait sur un lac gelé.

FACULTÉS

PROJECTION D'ÉNERGIE	FORCE	RÉSISTANCE	APTITUDE AU COMBAT	INTELLIGENCE	RAPIDITÉ
1	2	2	2	3	2

SOLO

L'agent indépendant Solo a voué sa vie à l'élimination du terrorisme. Armé et dangereux, il a également la capacité de se téléporter directement au cœur de l'action pour surprendre ses ennemis. Il s'est notamment allié à Spider-Man pour vaincre les Sinister Six.

La meilleure arme de Solo est sa faculté à se téléporter. Il peut ainsi se mettre en sécurité juste après avoir laissé une grenade entre les mains de ses ennemis.

CARTE D'IDENTITÉ

VRAI NOM : James Bourne
PROFESSION : Mercenaire
BASE : Mobile
TAILLE : 1,83 m
POIDS : 90,72 kg
YEUX : Marron
CHEVEUX : Bruns
ORIGINE : Cyborg humain
POUVOIRS : Solo a été entraîné dans les Forces Spéciales pour lutter contre le terrorisme, il est expert en diverses armes et au combat rapproché. Des puces cybernétiques dans son cou lui permettent de se téléporter.

UN HOMME EN MISSION
Solo a renoncé à sa nationalité américaine afin de devenir une véritable force mondiale contre le terrorisme. Il s'est souvent allié aux deux Spider-Man et à la Chatte Noire. Il a également offert ses services au S.H.I.E.L.D. et à Nick Fury.

FACULTÉS

PROJECTION D'ÉNERGIE	FORCE	RÉSISTANCE	APTITUDE AU COMBAT	INTELLIGENCE	RAPIDITÉ
2	2	5	6	4	2

SPEED DEMON

Ses ennemis ont du mal à l'atteindre. Il est cependant vulnérable aux attaques à large spectre, comme les décharges du Shocker.

Originellement connu sous le nom de Whizzer, Speed Demon est un vieil ennemi des Avengers. Il a combattu Spider-Man et fait partie du Sinistre Syndicat. Il se déplace si vite qu'il peut générer des mini-typhons afin d'assommer ses adversaires.

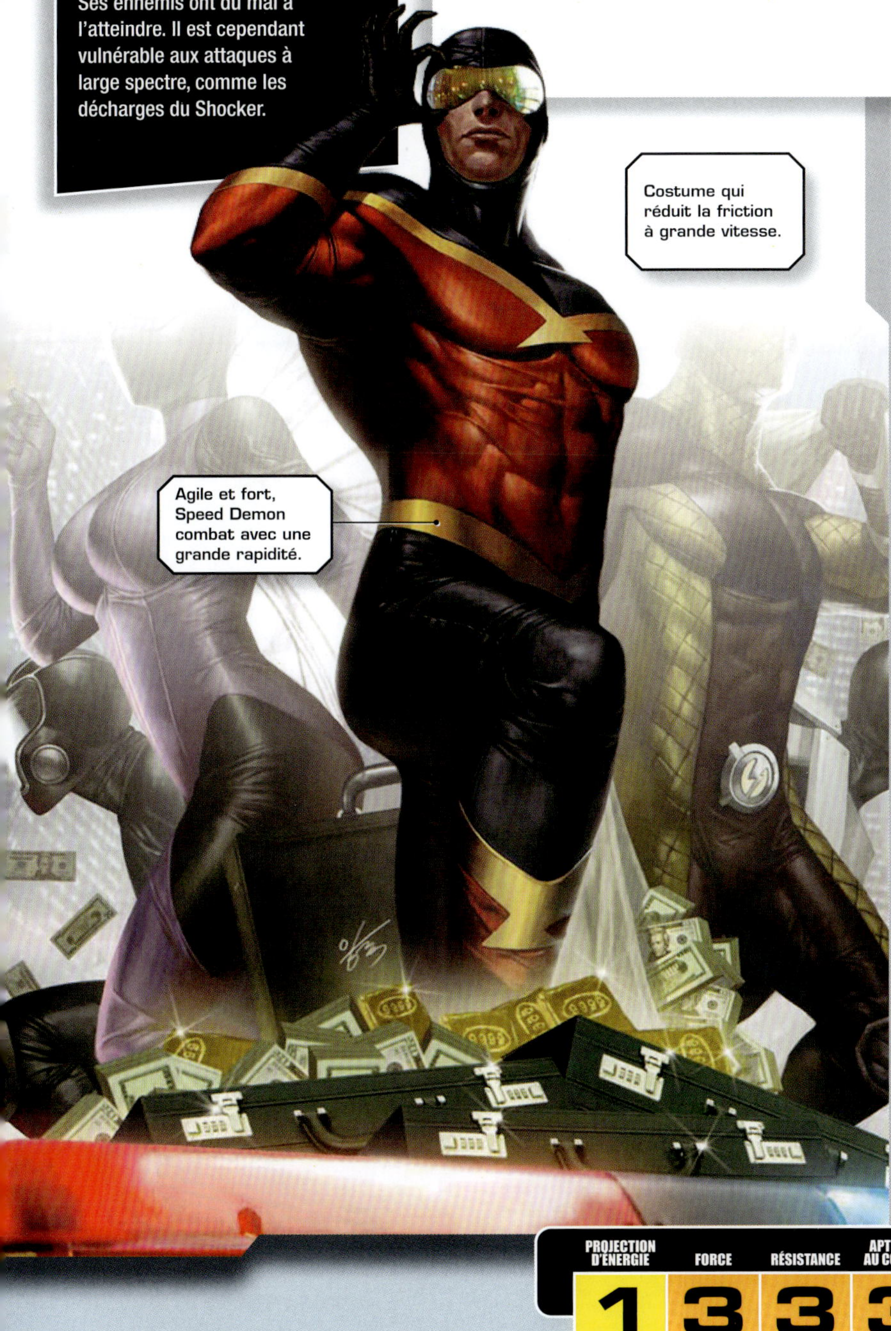

REPOUSSER LES LIMITES
Suite à ses fréquentes défaites face à Spider-Man, il a rejoint l'équipe de vilains repentis, les Thunderbolts. Tout en servant dans leurs rangs, il se faisait discrètement de l'argent de poche en commettant des crimes sous son ancienne identité de Whizzer.

CARTE D'IDENTITÉ

VRAI NOM : James Sanders
PROFESSION : Aventurier ; criminel professionnel
BASE : Mobile
TAILLE : 1,80 m
POIDS : 79,38 kg
YEUX : Marron
CHEVEUX : Blonds
ORIGINE : Mutant humain aux pouvoirs légués par une formule du Grand Maître.
POUVOIRS : Speed Demon possède force, endurance et résistance, mais son attribut le plus notoire est sa vitesse extraordinaire. C'est aussi un excellent combattant à mains nues.

FACULTÉS

PROJECTION D'ÉNERGIE	FORCE	RÉSISTANCE	APTITUDE AU COMBAT	INTELLIGENCE	RAPIDITÉ
1	3	3	3	3	5

SPENCER SMYTHE

Le scientifique Spencer Smythe a créé un robot baptisé Anti-Araignée afin de détruire Spider-Man, puis il a persuadé J. Jonah Jameson de l'utiliser lors de sa campagne de presse contre le Tisseur. Il a construit d'autres Anti-Araignées dotées de divers pouvoirs. Il est mort sans avoir atteint son but, mais s'est vu accorder une seconde chance, lorsqu'il a été ressuscité en clone par le Chacal.

Chaque nouvelle génération de ses robots innovait dans sa manière de combattre Spider-Man. Au début, le Tisseur était surpris, mais il a toujours fini par l'emporter.

CARTE D'IDENTITÉ

VRAI NOM : Spencer Smythe
PROFESSION : Roboticien ; ingénieur ; inventeur
BASE : New York
TAILLE : 1,78 m
POIDS : 79,38 kg
YEUX : Gris
CHEVEUX : Gris
ORIGINE : Humain
POUVOIRS : Smythe n'a pas de super-pouvoirs, mais il est un génie de l'ingénierie et de la robotique. Il a malheureusement utilisé ses dons à des fins malfaisantes.

L'HÉRITAGE DES SMYTHE

Spencer Smythe est mort après s'être exposé trop longtemps au matériel radioactif nécessaire à la construction des robots Anti-Araignées. Bien qu'il soit le seul responsable, il a reproché aux autres sa dégénérescence. Après sa mort, son fils Alistair a repris la vendetta de son père à son compte et a poursuivi la fabrication des robots.

FACULTÉS

PROJECTION D'ÉNERGIE	FORCE	RÉSISTANCE	APTITUDE AU COMBAT	INTELLIGENCE	RAPIDITÉ
1	2	2	1	5	2

SPIDER-GIRL

Devenue Spider-Girl, Anya s'est vite fait connaître parmi les super-héros de New York. Elle a collaboré à quelques reprises avec Spider-Man.

Anya Corazon a acquis des facultés mystiques lorsque la Société de l'Araignée l'a chargée d'éliminer ses ennemies de la Sororité de la Guêpe. Anya a ensuite rejeté la Société et le nom qui lui avait été attribué, Araña. Elle est alors devenue la première héroïne à porter le nom de Spider-Girl. Elle a également fait partie des fondateurs de l'équipe regroupant des êtres aux pouvoirs d'araignée, l'Ordre de la Toile.

MÉRITER SON NOM
Après que Charlotte Witter a dérobé les capacités de toutes les femmes aux pouvoirs d'araignée, Anya a décidé de changer de costume et d'identité. Afin de se montrer digne du nom de Spider-Girl, elle a demandé conseil à d'autres héros.

CARTE D'IDENTITÉ

VRAI NOM : Aña « Anya » Sofia Corazon
PROFESSION : Lycéenne
BASE : New York
TAILLE : 1,60 m
POIDS : 52,16 kg
YEUX : Marron
CHEVEUX : Bruns
ORIGINE : Humaine améliorée par la magie.
POUVOIRS : Un tatouage magique en forme d'araignée donne à Anya des pouvoirs semblables à ceux de Spider-Man. Elle peut générer ses propres toiles à partir de glandes situées dans ses bras. Au sein du S.H.I.E.L.D., elle a suivi un entraînement au combat.

FACULTÉS

PROJECTION D'ÉNERGIE	FORCE	RÉSISTANCE	APTITUDE AU COMBAT	INTELLIGENCE	RAPIDITÉ
1	4	5	4	2	3

S

SPIDER-HAM (SPIDER-COCHON)

La truie May Porker, scientifique perturbée et irradiée, a mordu une araignée suite à une expérience ayant mal tourné, transformant cette dernière en un cochon humanoïde doté de pouvoirs d'araignée, surnommé Peter Porker. Le génie scientifique de May a aussi été transmis par la morsure. Le « spectaculaire Spider-Cochon » a utilisé ses capacités pour lutter contre le crime. Il a fait partie de la Spider-Armée, qui combat les Héritiers.

Peter Porker travaille parfois avec d'autres héros animaux de sa dimension, bien que ces derniers trouvent son attitude effrontée et ses blagues nulles.

CARTE D'IDENTITÉ

VRAI NOM : Peter Porker
PROFESSION : Super-héros
BASE : New York, Terre-8311
TAILLE : 1,57 m
POIDS : 43 kg
YEUX : Noirs
CHEVEUX : Bruns
ORIGINE : Humain amélioré par la magie. L'araignée Peter a été mordue par une truie radioactive ; elle s'est transformée en porc anthropomorphe mais conserve la vitesse d'une araignée.
POUVOIRS : Spider-Cochon possède super-résistance, force, robustesse, endurance, réflexes et agilité. Il adhère aux surfaces et possède un sens d'araignée.

Possède un « non-sens d'araignée » : son aspect de personnage de cartoon s'accentue en fonction du danger qu'il perçoit.

Ayant perdu sa capacité naturelle de produire de la toile pendant sa transformation, Peter se fabrique des bracelets tireurs de toiles.

UN PHYSIQUE DE CARTOON
En tant que personnage de cartoon de la Terre-8311, Spider-Cochon ne subit pas les lois de la physique comme dans les autres multivers. Il peut allonger et remodeler son corps, résister aux surtensions massives d'électricité et produire des maillets énormes, sortis de nulle part, pour assommer ses adversaires.

FACULTÉS

PROJECTION D'ÉNERGIE	FORCE	RÉSISTANCE	APTITUDE AU COMBAT	INTELLIGENCE	RAPIDITÉ
1	4	4	4	4	3

SPIDERLING

En armure, Annie manipule la Toile de la Vie et du Destin, pour elle-même et ses alliées, Anya Corazon (Spider-Girl de la Terre-616) et Mayday Parker (Spider-Woman de la Terre-982).

Annie May Parker est la fille de Peter Parker et Mary Jane Watson Parker sur la Terre-18119. Elle a hérité des pouvoirs d'araignée de son père, avec une légère différence : son sens d'araignée est si fort qu'il s'approche de la prémonition. Si, au début, ses parents ont cherché à la préserver d'une vie de super-héroïne, ils ont fini par accepter qu'elle veuille venir en aide aux autres, comme le fait Spider-Man.

Pour la protéger, ses parents l'avaient équipée, enfant, d'un inhibiteur à puce codé sur son ADN afin de neutraliser ses pouvoirs.

Spiderling porte aux poignets des tisseurs de toile qui lui permettent de piéger ses adversaires ou de se déplacer en s'accrochant aux fils.

LA BRODEUSE
Annie est l'une des totems araignée importants dans le Spider-Verse. En tant que brodeuse, elle a le pouvoir de naviguer et de reconstruire les fils de la Toile de la Vie et du Destin. Lorsque la Toile a été détruite par le Norman Osborn d'une réalité alternative, Annie en a alors créé une nouvelle.

CARTE D'IDENTITÉ

VRAI NOM : Anna May « Annie » Parker
PROFESSION : Super-héroïne
BASE : Terre-001 ; auparavant Terre-18119
TAILLE : 1,65 m
POIDS : 54 kg
YEUX : Verts
CHEVEUX : Roux
ORIGINE : Pouvoirs d'araignée hérités de son père, le Peter Parker de la Terre-18119.
POUVOIRS : Spiderling possède super-force, vitesse, robustesse, endurance, réflexes et agilité. Elle peut ramper sur les murs et possède une prémonition améliorée grâce à son sens d'araignée.

FACULTÉS

PROJECTION D'ÉNERGIE	FORCE	RÉSISTANCE	APTITUDE AU COMBAT	INTELLIGENCE	RAPIDITÉ
1	4	3	4	4	3

SPIDER-MAN NOIR

Peter Parker vit à New York, sur la Terre-90214, dans un pays dévasté par la Grande Dépression. Chaque jour, à son poste de journaliste pour le *Daily Bugle*, il constate les terribles conséquences de la pauvreté. Aussi, lorsqu'il acquiert de mystérieux pouvoirs après avoir été mordu par une araignée, il devient le Spider-Man Noir, défenseur des opprimés.

Bien que très solitaire dans sa réalité, Spider-Man Noir est devenu un membre clé des Web-Warriors des multivers.

CARTE D'IDENTITÉ

VRAI NOM : Peter Parker
PROFESSION : Super-héros ; journaliste
BASE : New York, Terre-90214
TAILLE : 1,78 m
POIDS : 79 kg
YEUX : Marron
CHEVEUX : Bruns
ORIGINE : Mutant humain ; mordu par une araignée venue d'Amérique dans une caisse d'antiquités rares.
POUVOIRS : Peter Parker possède super-résistance, vitesse, réflexes, robustesse, endurance et agilité. Il peut tirer des toiles organiques, ramper sur les murs et possède le sens d'araignée.

Peut créer et projeter des fils de toile à partir de son corps. Il n'a pas besoin de tireurs de toile.

Son costume a été fabriqué à partir d'un uniforme de pilote porté par son oncle Ben pendant la guerre.

MYSTÈRES ANCIENS
Le Spider-Man de la Terre-90214 a des pouvoirs qui semblent davantage provenir de forces mystiques que scientifiques. Il les tient du « Spider-Dieu » Ereshkigal, qui est connecté à la Toile de la Vie et du Destin. Ereshkigal est même capable de ressusciter Spider-Man d'entre les morts.

FACULTÉS

PROJECTION D'ÉNERGIE	FORCE	RÉSISTANCE	APTITUDE AU COMBAT	INTELLIGENCE	RAPIDITÉ
1	3	4	4	4	3

SPIDER-MAN 2099

Le Spider-Man de 2099 et celui de notre époque se sont déjà rencontrés suite à un voyage temporel.

Dans un futur lointain, en 2099, le scientifique Miguel O'Hara a acquis des super-pouvoirs, dont la capacité de grimper aux murs. Sa morsure est venimeuse. Inspiré par Spidey qu'il a découvert dans des archives historiques, Miguel a revêtu un costume similaire afin de combattre les super-vilains de son temps.

CHOC FUTURISTE
Afin d'empêcher son époque d'être effacée, le Spider-Man de 2099 a remonté le temps et s'est allié au Spider-Man du présent. Sa mission ? Protéger son propre grand-père et s'assurer qu'il naisse bien le moment venu !

CARTE D'IDENTITÉ

VRAI NOM : Miguel O'Hara
PROFESSION : Aventurier retiré ; homme d'affaires ; scientifique ; justicier
BASE : Nueva York, Terre-928
TAILLE : 1,78 m
POIDS : 77,11 kg
YEUX : Rouges **CHEVEUX :** Bruns
ORIGINE : Mutant humain ; a gagné ses pouvoirs dans un accident de laboratoire.
POUVOIRS : Miguel a les mêmes compétences que Spider-Man. Il possède aussi des crocs et des griffes acérées comme des rasoirs, et peut se déplacer tellement vite qu'il laisse le double de son corps derrière lui, déroutant ses ennemis.

FACULTÉS

PROJECTION D'ÉNERGIE	FORCE	RÉSISTANCE	APTITUDE AU COMBAT	INTELLIGENCE	RAPIDITÉ
2	4	3	2	4	4

SPIDER-PUNK

Hobie Brown vit à New York, sur la Terre-138, où une population passive est dominée par des méga-sociétés. Hobie exprime sa rage contre les autorités par la musique, en jouant du punk rock avec son groupe, les Spider-Slayers. Lorsqu'il n'exerce pas son activité artistique, Hobie, qui détient les pouvoirs d'une araignée radioactive, devient le justicier rebelle Spider-Punk. Il préfère toutefois qu'on l'appelle Spider-Man.

Spider-Punk est dans son élément lorsqu'il improvise avec Gwen Stacy de la Terre-65 afin de canaliser l'énergie nécessaire pour réparer la Toile de la Vie et du Destin.

CARTE D'IDENTITÉ

VRAI NOM : Hobie Brown
PROFESSION : Super-héros ; musicien
BASE : New York, Terre-138
TAILLE : 1,80 m **POIDS :** 68 kg
YEUX : Marron
CHEVEUX : Noirs
ORIGINE : Mutant humain ; a récupéré les pouvoirs d'araignée après avoir été mordu par une araignée radioactive. Celle-ci avait muté suite à un déversement illégal de déchets toxiques.
POUVOIRS : Hobie détient super-force, vitesse, robustesse, endurance, réflexes et agilité. Il peut ramper sur les murs et possède le sens d'araignée.

Le costume de Hobie Brown reflète son esthétique punk, avec ses pointes sur la tête et son gilet en jean.

Spider-Punk est connu pour utiliser comme armes ses pouvoirs d'araignée et sa guitare.

UN SPIDER-MAN ANARCHISTE
Le monde opprimé de Spider-Punk l'a rendu plus brutal que d'autres Spider-héros. Sa colère et son imprévisibilité ont fait de lui la recrue idéale pour la Spider-Armée du Spider-Man supérieur (Otto Octavius), lorsque ce dernier s'est attaqué aux Héritiers. Étonnamment, Hobie s'est fait au travail en équipe et est devenu membre des Web-Warriors.

FACULTÉS

PROJECTION D'ÉNERGIE	FORCE	RÉSISTANCE	APTITUDE AU COMBAT	INTELLIGENCE	RAPIDITÉ
1	4	3	4	2	3

SPIDER-SLAYERS
(ANTI-ARAIGNÉES)

Les modèles avancés des robots Anti-Araignées contiennent des matériaux autorégénérants et de la nanotechnologie.

Construits par Spencer Smythe et plus tard par son fils Alistair, les robots Anti-Araignées sont de toutes formes et de toutes tailles. Ils sont programmés pour chasser, capturer et détruire Spider-Man. La plupart d'entre eux ont une surface lisse qui contrecarre la toile de Spidey. Ils lancent leur propre toile adhésive.

AMÉLIORATIONS
Spencer et Alistair ont également construit des Anti-Araignées pilotées par des opérateurs humains, afin d'assister aux premières loges à ce qu'ils pensaient être la dernière heure de Spider-Man. Mais, à chaque fois, le Tisseur est venu à bout de leur science terrifiante.

CARTE D'IDENTITÉ

VRAI NOM : Aucun
PROFESSION : Machines à tuer
BASE : Mobile
TAILLE : Variable
POIDS : Variable **YEUX :** Aucun
CHEVEUX : Aucun
ORIGINE : Robots
POUVOIRS : Les capacités et puissances des robots Anti-Araignées varient en fonction du modèle. Cependant, la plupart possèdent des lance-toiles, la capacité d'évoluer sur les murs, de dangereuses lames tranchantes, des armes variées ainsi qu'un revêtement antiadhésif.

SPIDER-UK

Spider-UK vient de la Terre-833, où il n'est pas seulement le Spider-héros de cette réalité, mais aussi membre du Captain Britain Corps. Il est doté du pouvoir de voyager dans le multivers pour enquêter sur les meurtres des totems araignée commis par les Héritiers. Premier à affronter cette menace, Spider-UK est un membre clé de la Spider-Armée. Il dirigera plus tard les Web-Warriors.

Quand la réalité de Spider-UK a été détruite, il s'est engagé à rester auprès de la Toile de la Vie et du Destin afin de l'employer à aider n'importe quel monde dépourvu de Spider-héros.

CARTE D'IDENTITÉ

VRAI NOM : Billy Braddock
PROFESSION : Super-héros
BASE : Terre-833
TAILLE : 1,85 m
POIDS : 89 kg
YEUX : Bleus
CHEVEUX : Bruns
ORIGINE : Mutant humain ; mordu par une araignée radioactive, qui lui a aussi accordé les pouvoirs du Captain Britain dans sa réalité.
POUVOIRS : Billy possède super force, vitesse, endurance, robustesse, réflexes et agilité. Il peut aussi ramper sur les murs.

Spider-UK porte généralement un appareil qu'on lui a donné à la Citadelle de la Lumière stellaire, lui permettant de voyager entre les dimensions.

Contrairement à beaucoup d'autres Spider-héros, Spider-UK ne possède pas le sens d'araignée du danger imminent.

CAPTAIN BRITAIN CORPS

Spider-UK est un membre du Captain Britain Corps, une organisation regroupant des versions du Captain Britain à travers le multivers. Ces versions ont été réunies par Merlyn et sa fille Roma afin de protéger leurs réalités respectives. Spider-UK a ressenti de la culpabilité et du chagrin quand sa réalité a été détruite pendant son absence.

FACULTÉS

PROJECTION D'ÉNERGIE	FORCE	RÉSISTANCE	APTITUDE AU COMBAT	INTELLIGENCE	RAPIDITÉ
2	4	3	4	4	3

SPIDER-WOMAN JESSICA DREW

Ses décharges électriques sont très efficaces contre ses ennemis.

La première Spider-Woman a débuté en tant qu'agente de la sinistre organisation Hydra, avant de devenir une héroïne. Au civil, Jessica Drew est détective privée. Parmi ses pouvoirs d'araignée, elle a la faculté de tirer des décharges électriques venimeuses.

Son costume rouge et jaune est sa marque distinctive.

QUI EST LA VRAIE SPIDER-WOMAN ?
Jessica a été la victime des Skrulls, une espèce extraterrestre de métamorphes qui l'ont emprisonnée et qui ont pris sa place au sein des Nouveaux Avengers. Lorsqu'elle s'est échappée, Jessica a dû fournir de gros efforts pour regagner la confiance de ses coéquipiers.

CARTE D'IDENTITÉ
VRAI NOM : Jessica Miriam « Jess » Drew
PROFESSION : Aventurière ; mercenaire ; justicière
BASE : New York
TAILLE : 1,78 m
POIDS : 58,97 kg
YEUX : Verts
CHEVEUX : Bruns (teints en noir)
ORIGINE : Mutante humaine ; Jessica a reçu un sérum antipoison issu d'araignées rares.
POUVOIRS : Jessica a les mêmes capacités que Spider-Man. Entraînée au combat avec ou sans armes, elle peut projeter des tirs de venin avec ses mains et voler.

FACULTÉS

PROJECTION D'ÉNERGIE	FORCE	RÉSISTANCE	APTITUDE AU COMBAT	INTELLIGENCE	RAPIDITÉ
5	5	4	4	3	3

S SPIDER-WOMAN JULIA CARPENTER

Julia Carpenter a été la deuxième femme à porter le nom de Spider-Woman. Après avoir servi de cobaye au gouvernement, elle est devenue une super-héroïne. Elle peut tisser une « toile psi » d'énergie pure. Après la mort de la précédente Madame Web, Julia a hérité de sa cape, gagnant une connexion avec la Toile de la Vie et du Destin. Elle a fondé l'Ordre de la Toile, une équipe de Spider-héros.

Julia a un temps abandonné sa carrière de super-héroïne pour s'occuper de sa fille, Rachel.

CARTE D'IDENTITÉ

VRAI NOM : Julia Eugenia Cornwall Carpenter
PROFESSION : Aventurière
BASE : Mobile
TAILLE : 1,75 m
POIDS : 63,5 kg **YEUX :** Bleus
CHEVEUX : Blond vénitien
ORIGINE : Mutante humaine ; a reçu une injection d'un mélange expérimental contenant du venin d'araignée.
POUVOIRS : Julia Carpenter possède force surhumaine, vitesse, endurance, robustesse et des sens aiguisés. Elle peut adhérer aux murs comme Spider-Man et créer des « toiles psi » avec son esprit. Elle a plus tard acquis le don de lire l'avenir.

GRANDS CHANGEMENTS
Lorsque Julia a hérité de Madame Web le pouvoir de prédire le futur, elle a pu davantage prêter main-forte à Spider-Man. Quand le Tisseur a temporairement perdu son sens d'araignée, elle l'a aidé à prévoir les événements majeurs susceptibles de menacer ses proches.

Après avoir endossé sa nouvelle identité de Madame Web, Julia a donné son ancien costume de Spider-Woman à Anya Corazon (Spider-Girl).

Devenue Madame Web, Julia a perdu la vue mais a gagné la capacité de précognition.

FACULTÉS

PROJECTION D'ÉNERGIE	FORCE	RÉSISTANCE	APTITUDE AU COMBAT	INTELLIGENCE	RAPIDITÉ
4	4	3	3	2	3

Espiègle, Mattie était aussi une grande séductrice, comme Peter Parker a pu en faire l'expérience !

SPIDER-WOMAN MATTIE FRANKLIN

S

Mattie Franklin avait la capacité de faire jaillir de puissantes pattes d'araignée de son dos. Sa carrière prometteuse de Spider-Woman a été interrompue lorsque les héritiers de Kraven le Chasseur l'ont sacrifiée pour ressusciter l'un des leurs. Mattie a ensuite été ramenée à la vie sous forme de clone par le Chacal, mais a succombé au virus Carrion en tentant de sauver Silk d'une horde de zombies.

ULTIME COMBAT
Mattie a acquis ses pouvoirs lors d'un rituel mystique appelé le Rassemblement des Cinq. Elle aurait perdu la vie lors d'une cérémonie similaire, lorsque la maléfique Sasha Kravinoff a jugé que son sacrifice permettrait à Kraven, son époux défunt, de revenir d'entre les morts.

CARTE D'IDENTITÉ

VRAI NOM : Martha « Mattie » Franklin
PROFESSION : Aventurière
BASE : New York
TAILLE : 1,73 m
POIDS : 55,79 kg
YEUX : Bleus
CHEVEUX : Noirs
ORIGINE : Mutante humaine ; pouvoirs accordés lors d'un rituel mystique.
POUVOIRS : Sa force surhumaine, ses réflexes et sa robustesse sont basés sur la magie. Elle a aussi brièvement absorbé les dons de toutes les autres Spider-Woman.

FACULTÉS

PROJECTION D'ÉNERGIE	FORCE	RÉSISTANCE	APTITUDE AU COMBAT	INTELLIGENCE	RAPIDITÉ
1	4	5	2	3	3

S SPIDER-WOMAN MAY PARKER

Dans le futur, la fille de Mary Jane Watson et de Peter Parker perpétue l'héritage familial en devenant Spider-Woman ! Après avoir été blessé, son père s'est retiré de sa dangereuse mission de lutte contre le crime. Depuis, May « Mayday » Parker se bat incognito contre la deuxième génération de spider-vilains en tâchant de vivre la vie d'une adolescente normale.

May se balance sur les toits de New York.

CARTE D'IDENTITÉ

VRAI NOM : May « Mayday » Parker
PROFESSION : Super-héroïne ; lycéenne ; justicière
BASE : New York, Terre-982
TAILLE : 1,70 m
POIDS : 53,90 kg
YEUX : Bleus
CHEVEUX : Bruns
ORIGINE : Mutante humaine ; a hérité des pouvoirs de son père, Peter Parker.
POUVOIRS : Fille de Peter Parker, May possède force surhumaine, agilité, endurance et robustesse, des qualités semblables à celles de Spider-Man.

Spider-Woman arbore un masque identique à celui de son père.

Toujours prête à agir, May porte sous ses vêtements son costume de Spider-Woman.

HÉROÏNE À SON TOUR
May Parker a développé ses pouvoirs à l'âge de 15 ans. May a combattu un nouveau Bouffon Vert, petit-fils de l'original, ainsi que Carnage, lorsque le symbiote extraterrestre a infesté un de ses amis du lycée.

FACULTÉS

PROJECTION D'ÉNERGIE	FORCE	RÉSISTANCE	APTITUDE AU COMBAT	INTELLIGENCE	RAPIDITÉ
1	4	3	3	2	3

Quand Mary Jane a essayé un nouveau costume fourni par Allan Biotech, elle a découvert qu'il était infecté par le symbiote Venom.

SPINNERET

Mary Jane Watson-Parker est une fervente adepte de l'adage « La famille avant tout ». Ayant eu une fille dotée de super-pouvoirs avec son héros de mari, elle a elle aussi voulu jouer un rôle important dans la protection de sa famille. Utilisant la technologie trouvée dans le repaire d'un super-vilain, son époux lui a fabriqué un costume qui imite ses pouvoirs et lui permet d'agir sous l'identité de Spinneret.

Le premier costume de Spinneret utilise la technologie du Régent. Spider-Man en a inversé l'ingénierie.

Comme sa fille, Spiderling, Spinneret a recours à des lance-toiles et des toiles fluides conçues par Spider-Man.

PUISSANCE DRAINÉE
Le premier costume de Spinneret activait ses pouvoirs en drainant ceux de Peter Parker, au point de l'affaiblir dans les situations dangereuses. À la recherche d'une solution, Mary Jane s'est malencontreusement retrouvée à porter un costume perverti par Venom. Elle a finalement reçu une toute nouvelle tenue conçue par Tony Stark.

CARTE D'IDENTITÉ

VRAI NOM : Mary Jane Watson-Parker
PROFESSION : Super-héroïne ; gérante de boutique
BASE : New York, Terre-18119
TAILLE : 1,73 m
POIDS : 61 kg **YEUX :** Verts
CHEVEUX : Roux
ORIGINE : Humaine ; son costume, donné par Peter Parker, lui confère ses pouvoirs afin qu'elle puisse protéger leur fille, Annie.
POUVOIRS : En portant le costume de Spinneret, Mary Jane détient force surhumaine, vitesse, endurance, robustesse, réflexes et agilité, ainsi que la capacité de ramper sur les murs.

FACULTÉS

PROJECTION D'ÉNERGIE	FORCE	RÉSISTANCE	APTITUDE AU COMBAT	INTELLIGENCE	RAPIDITÉ
1	4	3	3	2	3

S SPOT (LA TACHE)

Alors que le scientifique Jonathan Ohnn étudiait la téléportation pour le compte du Caïd, il a découvert comment créer des portails interdimensionnels transportables. En les plaçant sur son costume de la Tache, il a plongé dans la criminalité. S'il place des portails autour de sa cible, il peut attaquer de tous les côtés en même temps.

La Tache utilise ses portails durant ses combats et force Spidey à se frapper lui-même.

CARTE D'IDENTITÉ

VRAI NOM : Jonathan Ohnn
PROFESSION : Criminel ; voleur ; ancien scientifique
BASE : New York
TAILLE : 1,78 m
POIDS : 77,11 kg
YEUX : Bleus
CHEVEUX : Bruns
ORIGINE : Mutant humain ; une expérience de laboratoire a projeté Jonathan Ohnn dans la dimension Spotworld.
POUVOIRS : La Tache est l'incarnation vivante du Spotworld ; les taches sur son corps sont des portails dimensionnels.

CIBLE : SPIDER-MAN
La Tache est en général un solitaire, pourtant il a rejoint d'autres vilains dans l'éphémère Escouade de la Vengeance. Son but était d'accumuler des richesses en volant. Mais après avoir été longtemps exposé aux étranges énergies émises par ses portails, il a commencé à sombrer dans la folie, ce qui l'a rendu imprévisible.

FACULTÉS

PROJECTION D'ÉNERGIE	FORCE	RÉSISTANCE	APTITUDE AU COMBAT	INTELLIGENCE	RAPIDITÉ
1	2	3	2	5	2

SQUID

Squid a été recruté dans de nombreuses équipes de super-vilains, comme les Maîtres du Mal, les nouveaux Sinister Six et la Wicked Brigade.

Le malfrat Don Callahan a subi un traitement lui permettant de se transformer à volonté en un calamar humanoïde doté de tentacules. Devenu Squid, il vend ses services aux chefs de la pègre et affronte souvent Spider-Man. Squid rôde dans les égouts et, lorsqu'il est acculé, il utilise divers systèmes de défense.

Squid est puissant : il n'est pas aisé de s'échapper de ses tentacules broyeurs, même pour Spidey !

Son corps très glissant et souple est difficile à blesser.

UN ENNEMI DE SECOND PLAN
Spider-Man ne prend pas Squid très au sérieux. Lors de leur première rencontre, le héros s'est moqué de sa forme animalière et de sa faculté à projeter de l'encre. Depuis, Squid tente de se faire respecter.

CARTE D'IDENTITÉ

VRAI NOM : Donald Callahan
PROFESSION : Criminel
BASE : New York
TAILLE : 1,75 m
POIDS : 72,57 kg
YEUX : Blancs
CHEVEUX : Aucun
ORIGINE : Mutant humain ; une organisation criminelle a convaincu Donald de subir une expérience inédite.
POUVOIRS : Squid est capable de passer de la forme humaine à la forme de calamar. Ses puissants tentacules sont utilisés pour l'attaque et son jet d'encre est une arme défensive.

FACULTÉS

PROJECTION D'ÉNERGIE	FORCE	RÉSISTANCE	APTITUDE AU COMBAT	INTELLIGENCE	RAPIDITÉ
1	3	3	2	2	2

S STEGRON

Le généticien Vincent Stegron s'est injecté de l'ADN de dinosaure. Il est devenu un stégosaure humanoïde pourvu d'une peau épaisse et d'une force herculéenne. Il est obsédé par la Terre Sauvage, le dernier endroit sur Terre où les dinosaures vivent encore.

L'une des ambitions de Stegron est de transformer les gens en hybrides mi-dinosaures, mi-humains, puis de régner sur eux tous.

CARTE D'IDENTITÉ
VRAI NOM : Vincent Stegron
PROFESSION : Scientifique ; généticien ; ingénieur ; inventeur
BASE : Terre Sauvage, Antarctique
TAILLE : 1,88 m (en dinosaure) ; 1,73 m (en humain)
POIDS : 158,76 kg (en dinosaure) ; 68,04 kg (en humain)
YEUX : Verts (en dinosaure) ; marron (en humain)
CHEVEUX : Aucun (en dinosaure) ; bruns (en humain)
ORIGINE : Mutant humain ; transformé par l'ADN de dinosaure.
POUVOIRS : Stegron possède force, réflexes et vitesse, ainsi qu'une queue préhensile et pointue pour saisir les objets ou l'utiliser comme arme. Il peut contrôler d'autres dinosaures avec son esprit.

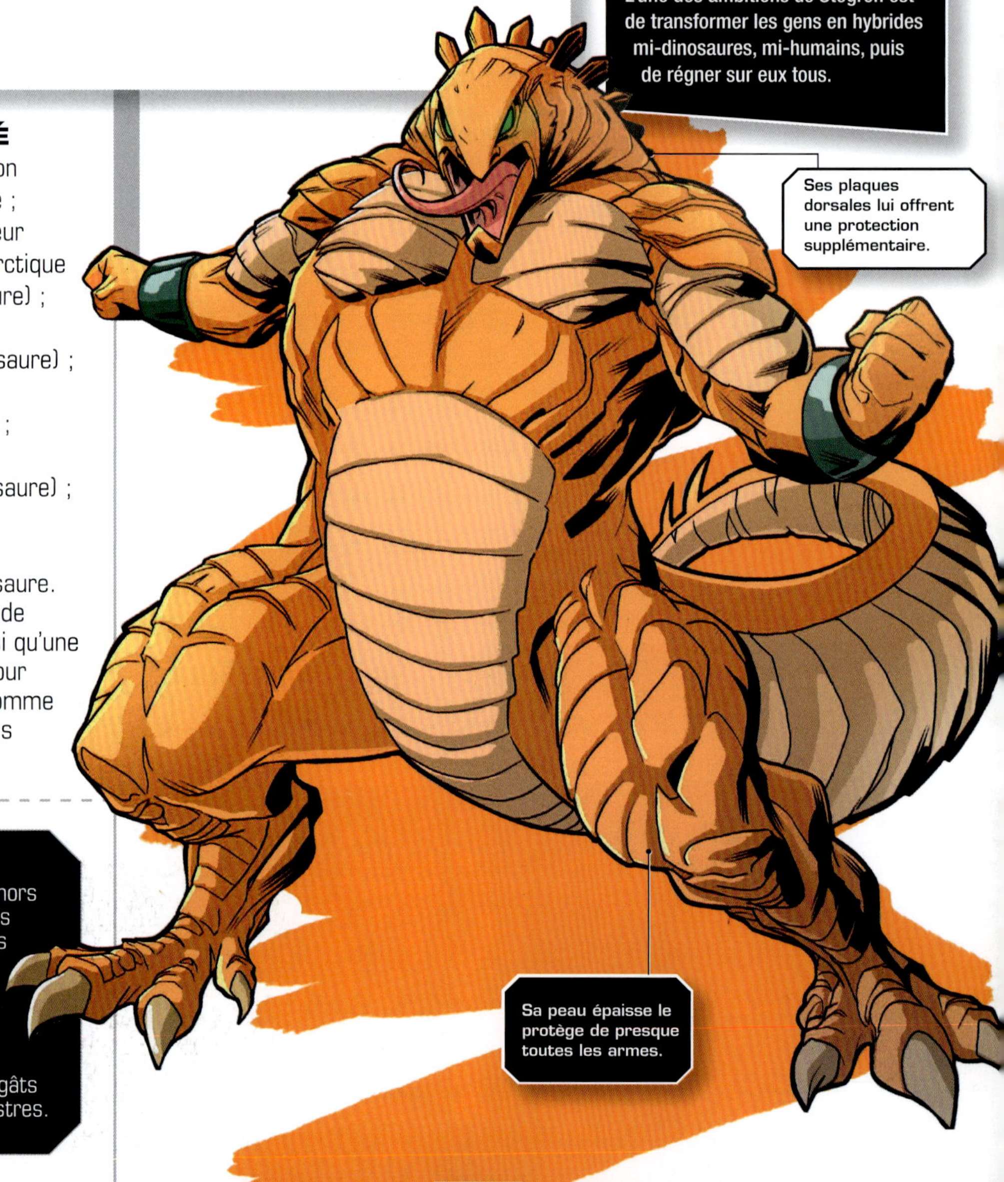

REPTILES DÉCHAÎNÉS
Stegron a forcé Dr Curt Connors à redonner vie aux dinosaures avec des restes trouvés dans un musée de New York. Connors s'est alors transformé en Lézard et a attaqué Stegron, contraignant Spider-Man à intervenir pour limiter les dégâts provoqués par les deux monstres.

FACULTÉS

PROJECTION D'ÉNERGIE	FORCE	RÉSISTANCE	APTITUDE AU COMBAT	INTELLIGENCE	RAPIDITÉ
1	4	5	2	5	3

STILT-MAN
(L'HOMME AUX ÉCHASSES)

Wilbur Day, l'Homme aux Échasses, est célèbre pour son armure. Ses jambes télescopiques lui permettent d'atteindre les étages supérieurs des gratte-ciel, mais le rendent vulnérable s'il chute. Cette faille est souvent exploitée par Spider-Man et Daredevil.

La combinaison de combat de l'Homme aux Échasses est d'une résistance à toute épreuve et le protège contre les balles, même si son poids risque de le déséquilibrer.

LOSER AUX LONGUES JAMBES
Malgré ses talents, l'Homme aux Échasses se considère comme un raté en raison de sa carrière criminelle médiocre. Spider-Man pense de son côté que le vilain est un génie scientifique qui gaspille son potentiel en vaines cascades. Aussi se tient-il toujours prêt à le contrer.

CARTE D'IDENTITÉ
VRAI NOM : Wilbur Day
PROFESSION : Ancien criminel professionnel ; scientifique
BASE : Megiddo
TAILLE : 1,68 m (en humain) ; 89 m (maximum en armure)
POIDS : 68,04 kg (en humain) ; 181,44 kg (en armure)
YEUX : Bleus **CHEVEUX :** Gris
ORIGINE : Humain
POUVOIRS : Les jambes de la combinaison hydraulique blindée de l'Homme aux Échasses peuvent s'allonger de plusieurs mètres et s'utilisent également comme bélier. Son armure améliore sa force, sa résistance et sa vitesse.

FACULTÉS

PROJECTION D'ÉNERGIE	FORCE	RÉSISTANCE	APTITUDE AU COMBAT	INTELLIGENCE	RAPIDITÉ
3	4	4	3	4	3

S SUE RICHARDS

Sue Richards est le membre le plus puissant des Quatre Fantastiques. Sœur de Johnny Storm (la Torche), elle a épousé Red Richards (Mr Fantastic). Elle a accueilli Spidey dans leur équipe lors de son bref passage au sein de la Fondation du Futur.

Sue est le membre le plus constant des Fantastiques. Elle met à disposition sa grande expérience pour régler les problèmes à la place des novices.

CARTE D'IDENTITÉ

VRAI NOM : Susan « Sue » Storm Richards
PROFESSION : Aventurière
BASE : 4 Yancy Street, New York
TAILLE : 1,68 m
POIDS : 54,43 kg
YEUX : Bleus
CHEVEUX : Blonds
ORIGINE : Mutante humaine ; a été exposée aux rayons cosmiques.
POUVOIRS : En tant que Femme Invisible, Sue a la capacité de se rendre invisible et de projeter des champs de force invisibles qui lui permettent de voler.

Les molécules instables du costume de Sue lui permettent de modifier son apparence.

Sue peut se rendre entièrement invisible.

FAMILLE UNIE
La Femme Invisible est celle qui apaise les chamailleries fréquentes entre les membres des Quatre Fantastiques. Elle accueille facilement les nouveaux venus et considère depuis longtemps Spidey comme un ami de la famille. Elle l'a d'ailleurs recommandé auprès de la Fondation du Futur. Créé par son mari Red Richards, ce groupe de réflexion cherche à améliorer l'avenir du monde.

FACULTÉS

PROJECTION D'ÉNERGIE	FORCE	RÉSISTANCE	APTITUDE AU COMBAT	INTELLIGENCE	RAPIDITÉ
5	2	5	3	3	3

SUN GIRL

Lorsque l'arrogance du Spider-Man supérieur l'a poussé à prendre une décision qui aurait pu être fatale, c'est Sun Girl qui l'a sauvé, en même temps que la ville de New York.

Selah Burke est une étudiante et la fille du scientifique et inventeur Dr Edward Lansky. S'inspirant de Spider-Man, Selah a utilisé certains plans de son père pour se créer un costume, et devenir une héroïne. Elle a choisi l'identité de Sun Girl, celle qui manipule la lumière. Cependant, elle ignorait que son père avait aussi une identité secrète : le Maître de la Lumière. Elle l'a découvert le jour où elle l'a affronté dans un combat.

LA SUN GIRL SUPÉRIEURE
Lorsque Sun Girl a rencontré Spider-Man et fait équipe avec lui, elle ignorait qu'elle avait affaire à Otto Octavius dans le corps du Tisseur. Conscient de l'avoir déçue, le Spider-Man supérieur s'est alors servi de son génie pour améliorer l'armement de l'héroïne.

CARTE D'IDENTITÉ

VRAI NOM : Selah Burke
PROFESSION : Super-héroïne
BASE : New York
TAILLE : 1,77 m
POIDS : 59 kg **YEUX :** Marron
CHEVEUX : Noirs
ORIGINE : Humaine ; fille du vilain le Maître de la Lumière, elle a utilisé ses plans pour créer son équipement et devenir une héroïne.
POUVOIRS : Le costume de Selah, ses gants et ses ailes ont recours à une technologie génératrice de lumière. Cela lui permet de voler et de lancer des tirs laser de forte intensité.

FACULTÉS

PROJECTION D'ÉNERGIE	FORCE	RÉSISTANCE	APTITUDE AU COMBAT	INTELLIGENCE	RAPIDITÉ
5	2	2	3	3	3

SUPERIOR SPIDER-MAN
(LE SPIDER-MAN SUPÉRIEUR)

Le Spider-Man supérieur a été créé lorsque le Docteur Octopus a réussi à transférer sa conscience dans le corps de Peter Parker. Octavius s'est juré d'être un meilleur héros que Spider-Man, aussi a-t-il utilisé son génie et sa cruauté pour éliminer tous les vilains qui avaient tourmenté Peter Parker. Sa marque « d'héroïsme » était qu'il ne donnait aucun coup de poing dans ses combats. Il s'est d'abord attaqué aux criminels de New York, puis à ceux de San Francisco.

En tant que Spider-Man supérieur, Otto Octavius s'est servi de toutes les technologies qu'il avait inventées quand il était super-vilain. Il a ainsi converti ses Octobots en Spider-Bots.

CARTE D'IDENTITÉ
VRAI NOM : Otto Octavius/ « Elliot Tolliver »
PROFESSION : Super-vilain devenu parfois super-héros
BASE : New York ; San Francisco
TAILLE : 1,78 m **POIDS :** 75,75 kg
YEUX : Noisette
CHEVEUX : Bruns
ORIGINE : Le Docteur Octopus a transféré sa conscience dans le corps de Peter Parker.
POUVOIRS : Octavius a hérité des pouvoirs d'araignée de Peter Parker, dont sa capacité de ramper sur les murs et son sens d'araignée. Il possède également super-force, vitesse, agilité, endurance et robustesse, tout en conservant son intelligence géniale.

ÉCHANGES DE CORPS
Lorsque Peter Parker a repris le contrôle de son corps, le Docteur Octopus a réussi à transférer son propre esprit dans le robot le Cerveau Vivant. Il a décidé d'habiter ce corps en tant qu'Elliot Tolliver, l'alter ego d'un nouveau Spider-Man supérieur.

FACULTÉS

PROJECTION D'ÉNERGIE	FORCE	RÉSISTANCE	APTITUDE AU COMBAT	INTELLIGENCE	RAPIDITÉ
1	4	3	4	5	3

SWARM (L'ESSAIM)

Devenu fou au fil des décennies, il espère regagner sa gloire passée grâce aux insectes qu'il contrôle par l'esprit.

L'ancien scientifique nazi Fritz von Meyer a connu une fin pénible quand les abeilles tueuses qu'il étudiait se sont retournées contre lui. Mais sa conscience a survécu et il est devenu l'intelligence qui guide l'essaim. Il considère Spider-Man comme un prédateur d'insectes, et donc, par conséquent, comme son ennemi.

Quand l'Essaim attaque, Spidey doit rester en mouvement.

Le vrai corps de l'Essaim n'est qu'un squelette.

RUCHE DU MAL
Ressuscité lors d'une expérience scientifique à l'Empire State University, l'Essaim a attaqué le campus avec ses légions d'abeilles tueuses. Peter Parker a revêtu son costume de Spider-Man pour l'affronter ; il l'a vaincu en répandant un produit répulsif anti-insectes.

CARTE D'IDENTITÉ
VRAI NOM : Fritz von Meyer
PROFESSION : Toxicologue ; apiculteur
BASE : Mobile
TAILLE : 1,96 m
POIDS : 47,17 kg
YEUX : Jaunes
CHEVEUX : Aucun
ORIGINE : Humain absorbé par les abeilles.
POUVOIRS : Le corps de l'Essaim, composé de milliers d'abeilles, est contrôlé par l'intelligence de von Meyer et peut prendre n'importe quelle forme. L'Essaim est capable de maîtriser les abeilles et les autres insectes.

FACULTÉS

PROJECTION D'ÉNERGIE	FORCE	RÉSISTANCE	APTITUDE AU COMBAT	INTELLIGENCE	RAPIDITÉ
1	1	7	2	2	3

T TARANTULA (LA TARENTULE)

Sous l'identité de la Tarentule, Anton Miguel Rodriguez est un tueur à gages au service des tyranniques dirigeants de sa patrie sud-américaine, la Delvadie. Il a été envoyé aux États-Unis pour traquer les opposants du régime. Ses actions cruelles ont souvent conduit Spider-Man à l'affronter.

La Tarentule s'est allié avec d'autres super-vilains lorsque Spidey a perdu ses pouvoirs. Il a fini par les récupérer !

CARTE D'IDENTITÉ
VRAI NOM : Anton Miguel Rodriguez
PROFESSION : Criminel professionnel
BASE : New York
TAILLE : 1,85 m
POIDS : 83,91 kg
YEUX : Marron
CHEVEUX : Noirs
ORIGINE : Humain
POUVOIRS : La formation militaire de la Tarentule lui a donné des compétences de combat, qui ont ensuite été renforcées par des médicaments. Ses bottes sont munies de lames recouvertes de poison pouvant paralyser ou tuer.

Les pointes rétractables des bottes de la Tarentule sont venimeuses.

Spidey doit se méfier de son venin mortel.

PLUS DE PUISSANCE
À l'origine, la Tarentule n'avait pas de pouvoirs, mais on lui a injecté une drogue pour augmenter sa force et ses aptitudes au combat. Il s'est servi de ses nouveaux pouvoirs pour pourchasser et tuer des réfugiés de la Delvadie. Heureusement, Spider-Man s'est interposé à temps.

FACULTÉS

PROJECTION D'ÉNERGIE	FORCE	RÉSISTANCE	APTITUDE AU COMBAT	INTELLIGENCE	RAPIDITÉ
1	3	2	5	2	2

Grâce à sa capacité de copier les mouvements de quiconque, il est parvenu à tenir tête à Captain America.

TASKMASTER
(LE MAÎTRE DE CORVÉE)

Tony Masters, alias le Maître de Corvée, est un mercenaire hors de prix et un entraîneur pour les héros et les super-vilains.
Il accepte n'importe quelle mission, du moment qu'il est payé. C'est un expert de tous les types d'armes et il maîtrise tous les types de combat.

MAÎTRE DES MOUVEMENTS
Le Maître de Corvée est connu aussi bien des héros que des vilains. Malgré ses super-pouvoirs, Spider-Man peut être battu au corps-à-corps par le Maître de Corvée, en raison de sa connaissance inouïe des styles de combat de tous, de Captain America à Boomerang.

CARTE D'IDENTITÉ
VRAI NOM : Anthony « Tony » Master
PROFESSION : Mercenaire ; assassin ; shérif
BASE : Mobile **TAILLE :** 1,88 m
POIDS : 99,79 kg
YEUX : Marron **CHEVEUX :** Bruns
ORIGINE : Humain né avec des réflexes photographiques ; il a pris plus tard une version expérimentale du sérum du super-soldat qui lui a permis de mémoriser instantanément les capacités motrices d'autrui.
POUVOIRS : Les réflexes photographiques du Maître de Corvée lui permettent de reproduire n'importe quel mouvement de combat après l'avoir vu une fois ! Il peut également imiter les acrobaties de Spidey, les voix, et se servir de diverses armes.

FACULTÉS

PROJECTION D'ÉNERGIE	FORCE	RÉSISTANCE	APTITUDE AU COMBAT	INTELLIGENCE	RAPIDITÉ
1	3	2	7	4	2

T

TERESA PARKER

Teresa Parker est la sœur perdue de Peter. Elle a été adoptée bébé après la mort de ses parents, des agents secrets tués lors d'une mission. Une fois adulte, elle a été recrutée au S.H.I.E.L.D. par Nick Fury Sr., où elle est devenue une espionne remarquable. Teresa a rencontré son frère au cours d'une opération contre le Caïd. Lorsqu'elle a découvert sa véritable identité, elle s'est juré de retrouver le meurtrier de leurs parents.

Aidée par Nick Fury, Teresa a trouvé la preuve qu'elle était la fille de Mary et Richard Parker, et la sœur de Peter Parker.

CARTE D'IDENTITÉ

VRAI NOM : Teresa Parker
PROFESSION : Agente secrète
BASE : Mobile
TAILLE : 1,70 m
POIDS : 61 kg
YEUX : Bleus
CHEVEUX : Bruns
ORIGINE : Humaine ; fille de Mary et Richard Parker, inconnue de son frère aîné Peter, jusqu'à leur rencontre à l'âge adulte.
POUVOIRS : Teresa est une habile lutteuse au combat rapproché et une experte en balistique. Elle est aussi équipée d'un harnais de vol et d'armes créées par le Bricoleur.

PRENDRE SON ENVOL

Peter Parker a présenté Teresa à Mason, un armurier secret, qui se révélera plus tard être le super-vilain, le Bricoleur. Grâce à ce dernier, Teresa est passée d'espionne à super-héroïne équipée d'une combinaison de vol personnalisée et d'armes non létales. Cette technologie a augmenté ses compétences de combat déjà excellentes, peaufinées par des années de travail comme agent secret.

FACULTÉS

PROJECTION D'ÉNERGIE	FORCE	RÉSISTANCE	APTITUDE AU COMBAT	INTELLIGENCE	RAPIDITÉ
1	2	2	4	4	2

Ami proche des Quatre Fantastiques, Spider-Man a été invité à l'enterrement de vie de garçon de Ben Grimm.

THING (LA CHOSE)

Ben Grimm, alias la Chose, est prisonnier d'un corps de pierre indestructible depuis l'accident spatial qui a donné naissance aux Quatre Fantastiques. Il a un grand cœur et fait office de « grand frère » pour les héros moins expérimentés. Il a déjà aidé Spidey à stopper un Hulk incontrôlable.

SOLIDE COMME UN ROC
La Chose est un rayon de bonne humeur. Depuis des années, il organise d'amicales parties de cartes entre amis, auxquelles Spider-Man et d'autres héros participent pour décompresser, obtenir des conseils des justiciers plus expérimentés et partager le récit de leurs aventures.

Avant de devenir la Chose, Ben Grimm était pilote d'essai et astronaute.

La peau de Ben est pratiquement invulnérable, mais peut être percée par l'adamantium.

CARTE D'IDENTITÉ

VRAI NOM : Benjamin Jacob « Ben » Grimm
PROFESSION : Aventurier
BASE : 4 Yancy Street, New York
TAILLE : 1,83 m
POIDS : 226,8 kg
YEUX : Bleus **CHEVEUX :** Aucun (bruns à l'origine)
ORIGINE : Mutant humain ; a été exposé à un rayonnement cosmique.
POUVOIRS : Ben possède une peau rocheuse et une force exceptionnelle, de l'endurance et de la robustesse. Il a une formation de pilote et d'astronaute, et dispose d'excellentes qualités de combattant.

FACULTÉS

PROJECTION D'ÉNERGIE	FORCE	RÉSISTANCE	APTITUDE AU COMBAT	INTELLIGENCE	RAPIDITÉ
1	6	6	5	3	2

T THOR

Dieu du tonnerre et membre fondateur des Avengers, Thor représente l'idéal du héros pour Spider-Man. Envoyé sur Terre depuis Asgard par son père Odin, il est devenu un des principaux défenseurs de cette planète, malgré les machinations de son frère et ennemi juré, Loki. Ses actes ont valu à Thor le respect de son père, qui lui a accordé le titre de Père de Tout et lui a transmis le trône d'Asgard.

Le puissant marteau Mjölnir ne peut être soulevé que par celui qui en est digne. Thor peut l'utiliser pour faire tomber la foudre.

CARTE D'IDENTITÉ
VRAI NOM : Thor Odinson
PROFESSION : Seigneur d'Asgard
BASE : *Toothgnasher*, Port de Newark, New Jersey
TAILLE : 1,98 m
POIDS : 290,3 kg
YEUX : Bleus
CHEVEUX : Blonds
ORIGINE : Asgardien
POUVOIRS : Thor a des pouvoirs surhumains, de grandes aptitudes au combat. Mjölnir, son marteau magique, lui permet de voler, d'ouvrir des portails dimensionnels et de tirer des décharges d'énergie.

Thor porte une armure asgardienne.

Thor peut exploiter l'énergie des tempêtes, même sans Mjölnir.

CHAMPION D'ASGARD
Thor fait partie des Avengers depuis le début, et il a encouragé Spider-Man à intégrer l'équipe. Il considère le Tisseur comme un valeureux guerrier et il est heureux de combattre à ses côtés.

FACULTÉS

PROJECTION D'ÉNERGIE	FORCE	RÉSISTANCE	APTITUDE AU COMBAT	INTELLIGENCE	RAPIDITÉ
6	7	6	5	2	7

Les inventions du Bricoleur sont uniques en leur genre. Leurs effets sont imprévisibles, donc difficiles à contrer pour Spider-Man.

TINKERER (LE BRICOLEUR)

Le Bricoleur est très recherché dans le milieu criminel en tant qu'expert en gadgets, armes et véhicules. Il a rencontré Spider-Man alors qu'il construisait des engins high-tech afin de simuler une invasion extraterrestre. Le Bricoleur a équipé de nombreux ennemis de Spider-Man, comme le Scarabée, Mysterio, Scorpion et le Piégeur.

DANGEREUX EN PERMANENCE
Le Bricoleur s'est souvent retrouvé derrière les barreaux, mais cela n'a pas suffi à le freiner. En prison, il se fait respecter en offrant ses services : il construit des appareils pour ses codétenus et les aide dans leurs tentatives d'évasion.

CARTE D'IDENTITÉ

VRAI NOM : Phineas T. Mason
PROFESSION : Ancien armurier criminel et technicien
BASE : Petit magasin de bricolage, New York
TAILLE : 1,73 m
POIDS : 77,11 kg
YEUX : Gris
CHEVEUX : Blancs
ORIGINE : Humain
POUVOIRS : Le Bricoleur est un scientifique génial, spécialisé dans les armes mortelles innovantes qu'il fabrique à partir de pièces de machines ordinaires.

FACULTÉS

PROJECTION D'ÉNERGIE	FORCE	RÉSISTANCE	APTITUDE AU COMBAT	INTELLIGENCE	RAPIDITÉ
1	2	2	2	5	2

TOAD (LE CRAPAUD)

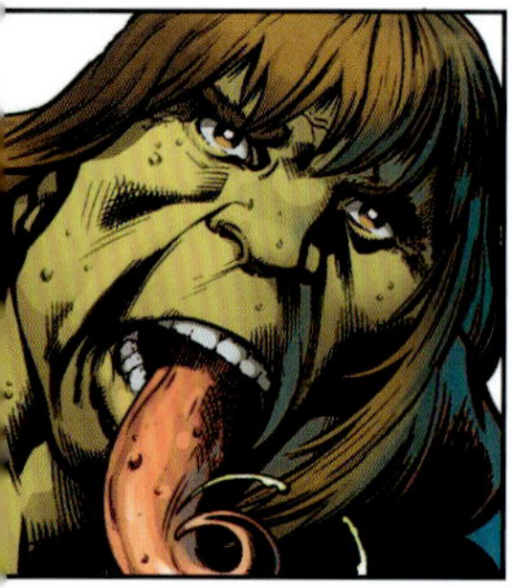

L'orphelin mutant Mortimer Toynbee a développé une incroyable aptitude à effectuer des bonds géants et à attaquer ses ennemis à l'aide de sa langue élastique. Devenu le Crapaud, ce marginal a rejoint la Confrérie des Mauvais Mutants de Magneto, l'ennemi des X-Men. C'est ce dernier qui lui a donné le surnom de « Crapaud ». Lorsque Spidey a découvert que Mortimer n'avait pas un mauvais fond, il s'est lié avec lui pour l'aider à prendre confiance en lui.

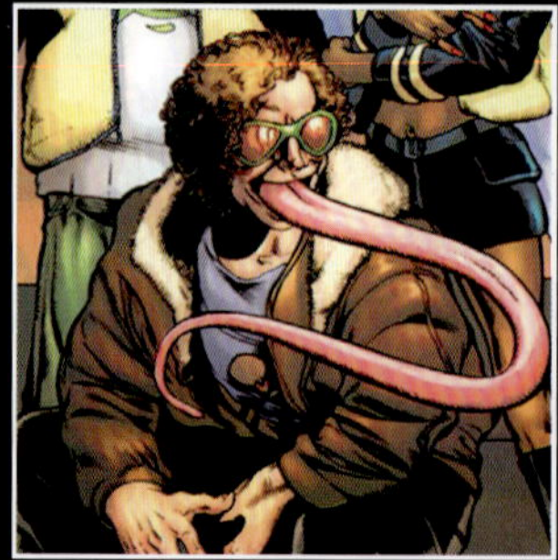

Sa langue peut attraper les objets, mais cette faculté ne suffit pas pour qu'il se fasse respecter des héros ou des super-vilains.

CARTE D'IDENTITÉ

VRAI NOM : Mortimer « Mort » Toynbee
PROFESSION : Aventurier
BASE : Krakoa, océan Pacifique
TAILLE : 1,75 m
POIDS : 76,66 kg
YEUX : Noirs
CHEVEUX : Bruns
ORIGINE : Mutant
POUVOIRS : Le Crapaud peut faire des bonds extraordinaires. Il est un combattant très souple et agile. Il peut étirer sa langue jusqu'à neuf mètres de long et l'utiliser comme un fouet.

Son costume de bouffon révèle qu'il n'est qu'un sous-fifre.

Les jambes du Crapaud sont incroyablement puissantes.

ESPÉRER MIEUX
Le Crapaud a formé une équipe de super-héros, les Misfits, avec d'autres parias tels que Frog-Man et Steel-Spider. Malheureusement, son équipe n'a ébloui personne. Le Crapaud a cherché de nouvelles opportunités, pour finalement retourner avec les vilains de la Confrérie des Mauvais Mutants.

FACULTÉS

PROJECTION D'ÉNERGIE	FORCE	RÉSISTANCE	APTITUDE AU COMBAT	INTELLIGENCE	RAPIDITÉ
1	4	3	5	2	3

TOMBSTONE

Membre de la pègre new-yorkaise, Tombstone souhaite en finir une bonne fois pour toutes avec Spider-Man.

Albinos géant au caractère vicieux et aux dents taillées en pointe, Lonnie Lincoln est un tueur de la mafia, appelé Tombstone. Robbie Robertson, du *Daily Bugle*, un ami d'enfance de Lonnie, a rassemblé les preuves permettant de l'envoyer derrière les barreaux. Après l'évasion du vilain, ils ont fini par conclure une trêve car leurs enfants sortaient ensemble.

Tombstone est très difficile à blesser, il se vante même de son épiderme dur comme le diamant.

Cet amateur de jazz est un habitué du légendaire lieu de Harlem, le Minton's Playhouse.

VENDETTA
En représailles à son emprisonnement, Tombstone a tout tenté pour faire de la vie de Robbie un cauchemar. Spider-Man a aidé ce dernier à échapper aux griffes du malfrat, mais la menace du criminel plane toujours sur la ville.

CARTE D'IDENTITÉ

VRAI NOM : Lonnie Lincoln
PROFESSION : Caïd du crime
BASE : Harlem, New York
TAILLE : 2,01 m
POIDS : 208,65 kg
YEUX : Roses
CHEVEUX : Blancs
ORIGINE : Mutant humain ; a absorbé une formule chimique pour augmenter ses capacités.
POUVOIRS : Tombstone possède une force surhumaine et une peau pare-balles. C'est un expert en armes à feu et au combat rapproché.

FACULTÉS

PROJECTION D'ÉNERGIE	FORCE	RÉSISTANCE	APTITUDE AU COMBAT	INTELLIGENCE	RAPIDITÉ
1	4	5	4	1	3

T

TOXIN (TOXINE)

Rejeton de Carnage, le symbiote extraterrestre Toxine a fusionné avec l'officier de police Patrick Mulligan. La nature positive de son nouvel hôte a influencé le jeune symbiote, faisant de Toxine un héros ambivalent et un allié occasionnel pour Spider-Man. Patrick a été plus tard abattu par le vilain Blackheart, car il voulait s'approprier le symbiote.

Avec Anti-Venom, Toxine est l'un des rares symbiotes à avoir voulu être héroïque.

CARTE D'IDENTITÉ

VRAI NOM : Patrick Mulligan
PROFESSION : Justicier ; ancien policier
BASE : New York
TAILLE : 1,88 m
POIDS : 97,52 kg
YEUX : Verts
CHEVEUX : Bruns
ORIGINE : Humain lié à un symbiote.
POUVOIRS : Le symbiote extraterrestre Toxine donne à Patrick une force décuplée et des facultés de guérison. Il peut aussi adhérer aux murs, tisser de la toile et changer d'aspect.

ÉCHANGE DE SYMBIOTES

Le contrôle du symbiote Toxine est ensuite passé à Eddie Brock, qui avait été précédemment l'hôte de Venom. Comme Patrick, Eddie a tenté de maîtriser Toxine et d'utiliser sa puissance pour faire le bien, en pourchassant des criminels et des gangs.

FACULTÉS

PROJECTION D'ÉNERGIE	FORCE	RÉSISTANCE	APTITUDE AU COMBAT	INTELLIGENCE	RAPIDITÉ
1	5	5	4	2	3

Si le Piégeur touche Spider-Man, ce dernier restera collé sur place.

TRAPSTER (LE PIÉGEUR)

Le scientifique Peter Petruski, spécialiste des substances collantes, était auparavant le criminel de seconde zone Pete-Pot-de-Colle. Il s'est complètement métamorphosé pour devenir le Piégeur. Ayant souvent affronté Spider-Man et la Torche, il fait aussi partie des Terrifics.

UN INVENTEUR DOUÉ
Le Piégeur est l'un des ennemis les plus tenaces de Spider-Man. Il a beaucoup de points communs avec le Tisseur : ce chimiste de génie a conçu un engin qui répand un fluide adhésif à la manière des lance-toiles de Spidey.

CARTE D'IDENTITÉ

VRAI NOM : Peter Petruski
PROFESSION : Mercenaire ; criminel ; ancien scientifique
BASE : Mobile
TAILLE : 1,78 m
POIDS : 72,57 kg
YEUX : Marron
CHEVEUX : Aucun (autrefois bruns)
ORIGINE : Humain
POUVOIRS : Le Piégeur est un brillant chimiste dont les colles et les solvants lui permettent de marcher sur les murs, d'immobiliser ses ennemis et de tirer des projectiles collants qui explosent à l'impact.

FACULTÉS

PROJECTION D'ÉNERGIE	FORCE	RÉSISTANCE	APTITUDE AU COMBAT	INTELLIGENCE	RAPIDITÉ
1	2	3	2	4	2

T TRAPSTR

La nouvelle Trapster (le Piégeur) ou Trapstr, comme elle aime l'abréger, est une femme mystérieuse. Après avoir adopté le pseudonyme d'un des vilains les plus excentriques de New York, elle a ajouté sa touche personnelle pour le remettre au goût du jour en optant pour un look reconnaissable, constitué d'un blouson de cuir, d'escarpins et de lunettes de soleil qu'elle porte en permanence.

Trapstr et ses camarades du Syndicat figurent parmi les vilaines contraintes par l'Âme Sœur d'attaquer Spider-Man.

CARTE D'IDENTITÉ
VRAI NOM : Inconnu
PROFESSION : Criminelle
BASE : New York
TAILLE : 1,73 m
POIDS : 62 kg
YEUX : Marron
CHEVEUX : Noirs
ORIGINE : Humaine
POUVOIRS : À l'aide de ses pistolets de poignet, Trapstr tire une pâte adhésive extra-forte.

Toujours connectée, on la voit rarement sans son téléphone à la main.

Trapstr transporte sa pâte collante sur son dos, dans des bidons reliés à des pistolets de poignet.

Lorsque Trapstr a mis fin au combat de Spider-Man (Peter Parker) et du Vautour, elle les a chassés tous les deux en les traitant de « ridicules » et de « vieux », à la grande indignation de Peter.

SCIENCE COLLANTE
La pâte de Trapstr ne sert pas seulement à coller ses adversaires au mur. Elle est aussi spécialement faite pour contenir des particules réactives, qui lui permettent de suivre tous ceux qu'elle a touchés via une application créée par Trapstr. Elle combine ainsi la science de la vieille école avec de la technologie numérique de pointe.

FACULTÉS

PROJECTION D'ÉNERGIE	FORCE	RÉSISTANCE	APTITUDE AU COMBAT	INTELLIGENCE	RAPIDITÉ
1	1	1	3	3	2

TYLER STONE

En voyageant dans le temps, Tyler Stone a trouvé le moyen d'atteindre Miguel O'Hara, à travers Tempest, la petite amie du héros.

Tyler Stone est un cadre d'Alchemax Corporation en 2099, dans la ville de Nueva York. Responsable de la recherche et du développement, Stone a accès à une technologie inégalée dans le monde. Amoral, uniquement préoccupé d'accroître sa fortune et son pouvoir, Stone est l'ennemi du Spider-Man de son époque (Miguel O'Hara), un génie scientifique qui est aussi le fils illégitime de Stone.

Sans pitié, Tyler Stone personnifie l'hégémonie des entreprises à son époque.

CARTE D'IDENTITÉ

VRAI NOM : Tyler Stone
PROFESSION : Vice-président de la recherche et du développement chez Alchemax Corporation
BASE : Nueva York
TAILLE : 1,83 m
POIDS : 84 kg
YEUX : Bleus
CHEVEUX : Blonds
ORIGINE : Humain
POUVOIRS : Sans super-pouvoirs, Tyler est un maître de la manipulation.

PROBLÈMES FAMILIAUX
Les relations de Tyler Stone avec ses deux fils, Miguel O'Hara et Kron Stone, sont loin d'être apaisées. Son propre père, Tiberius Stone, était l'impitoyable fondateur d'Alchemax Corporation, entreprise liée à l'organisation criminelle de la Main, ainsi qu'au Caïd (Wilson Fisk).

FACULTÉS

PROJECTION D'ÉNERGIE	FORCE	RÉSISTANCE	APTITUDE AU COMBAT	INTELLIGENCE	RAPIDITÉ
1	2	2	1	3	1

UNCLE BEN PARKER
(ONCLE BEN)

Lorsque les parents de Peter Parker sont morts dans un accident d'avion, son oncle Ben l'a élevé comme son propre fils. Ben et sa femme May ont aimé Peter et lui ont appris la valeur des responsabilités. Le malheur les a frappés, lorsque, peu de temps après avoir obtenu ses pouvoirs, Peter a laissé filer un cambrioleur sans réfléchir. Ce geste a eu des conséquences tragiques pour Ben.

Suite à la mort de son oncle, Peter a éprouvé une grande culpabilité qui l'a poussé à devenir un super-héros.

CARTE D'IDENTITÉ

VRAI NOM : Benjamin Franklin « Ben » Parker
PROFESSION : Retraité ; ancien ouvrier du textile ; ex-militaire
BASE : Queens, New York
TAILLE : 1,75 m
POIDS : 79,38 kg
YEUX : Bleus
CHEVEUX : Blancs
ORIGINE : Humain
POUVOIRS : Oncle Ben était un être humain ordinaire, mais avait reçu une formation militaire et se défendait bien pour son âge.

Les Parker n'ont jamais été riches, mais Ben n'en laissait rien paraître.

UN EXEMPLE ÉTERNEL
Le cambrioleur que Peter avait laissé partir a ensuite tué Ben. Peter s'est juré que plus personne ne connaîtrait une telle tragédie. C'est pourquoi il a commencé à combattre l'injustice sous son identité de Spider-Man. Son oncle continue de l'inspirer spirituellement après sa mort.

FACULTÉS

PROJECTION D'ÉNERGIE	FORCE	RÉSISTANCE	APTITUDE AU COMBAT	INTELLIGENCE	RAPIDITÉ
1	2	2	1	2	2

VALERIA RICHARDS

Même si elle a grandi dans un environnement inhabituel aux côtés des Quatre Fantastiques, Valeria est aussi espiègle que les enfants de son âge.

La fille de Red et Sue Richards est un génie en herbe et l'une des amies de Spider-Man au sein des Quatre Fantastiques.
Le Docteur Fatalis a assisté à sa naissance et l'a secrètement ensorcelée, ce qui lui a permis de la contrôler plus tard.
Heureusement, Red a su briser le sort.

La Chose a enseigné à Valeria les bases du combat rapproché.

Valeria sait comment utiliser le Portail d'Éternité pour voyager n'importe où dans l'espace et le temps.

POTENTIEL ILLIMITÉ
Les super-pouvoirs de Valeria se développent en permanence. Comme son père Red Richards, elle montre des signes précoces de génie intellectuel dans divers domaines. Peter Parker, lui-même génie scientifique, pense que Valeria pourra travailler à Horizon Labs quand elle sera grande.

CARTE D'IDENTITÉ

VRAI NOM : Valeria Meghan Richards
PROFESSION : Aventurière ; scientifique
BASE : 4 Yancy Street, New York
TAILLE : 1,02 m
POIDS : 18,14 kg
YEUX : Bleus
CHEVEUX : Blonds
ORIGINE : Humaine
POUVOIRS : Valeria possède une intelligence supérieure et elle est considérée comme une excellente ingénieure en robotique.

FACULTÉS

PROJECTION D'ÉNERGIE	FORCE	RÉSISTANCE	APTITUDE AU COMBAT	INTELLIGENCE	RAPIDITÉ
1	2	2	1	6	2

V VENOM EDDIE BROCK

Le symbiote extraterrestre Venom est entré dans la vie de Spider-Man sous la forme d'une version noire et blanche de son costume. Ce costume était en réalité vivant, animé par l'esprit ténébreux du symbiote. Après avoir été repoussé par Spider-Man, le costume a jeté son dévolu sur Eddie Brock, pour créer une version maléfique de Spider-Man. Brock se liera plus tard avec Anti-Venom et Toxine pour essayer de devenir un héros.

Sa longue expérience avec les extraterrestres a fait d'Eddie Brock un expert dans ses relations avec les symbiotes.

CARTE D'IDENTITÉ

VRAI NOM : Edward Charles Allan « Eddie » Brock
PROFESSION : Dieu des Symbiotes ; justicier ; ancien journaliste
BASE : New York
TAILLE : 1,91 m
POIDS : 117,93 kg
YEUX : Bleus (blancs en Venom)
CHEVEUX : Blancs (auparavant blond vénitien)
ORIGINE : Humain ; transformé par Nexus du Symbiote Hive-Mind.
POUVOIRS : Le symbiote a une force amplifiée et un pouvoir de guérison, ainsi que la capacité de tirer des toiles et de ramper sur les murs. Venom peut contrôler sa morphologie pour changer de forme ou se camoufler.

Eddie s'est vu attribuer temporairement les pouvoirs du Dieu de la Lumière pour combattre Knull, le dieu noir.

D'HÔTE EN HÔTE

Outre Eddie Brock, Venom a parasité d'autres hôtes humains. Pendant un temps, il a infecté Mac Gargan, plus connu sous le nom de Scorpion. Plus récemment, Venom a choisi Flash Thompson, l'ami de Peter. Fusionné à Venom, Flash a travaillé pour le compte de l'armée américaine.

FACULTÉS

PROJECTION D'ÉNERGIE	FORCE	RÉSISTANCE	APTITUDE AU COMBAT	INTELLIGENCE	RAPIDITÉ
1	5	5	2	2	3

VENOM DYLAN BROCK

Alors qu'il tente de se débrouiller sans son père, Dylan a deux « animaux de compagnie » inhabituels : Venom, sous la forme d'un chien, et le symbiote Sleeper dans le corps d'un chat.

Dylan Brock est le fils d'Eddie Brock, bien qu'aucun des deux ne l'ait su pendant les premières années de l'enfant. Élevé par un grand-père violent, Dylan a demandé de l'aide à Eddie. Ayant découvert la vérité sur leur lien de parenté, ils ont commencé à bâtir une relation. Plus tard, Eddie a accepté que son fils devienne le nouvel hôte du symbiote Venom.

Ayant eu autrefois le pouvoir de contrôler les symbiotes mais pas de se lier avec eux, Dylan peut à présent fusionner avec le symbiote Venom.

En tant que nouveau Venom, il possède maintenant tous les pouvoirs associés au symbiote.

LUMIÈRE CONTRE OMBRE
Dylan est au cœur de la défense de la Terre attaquée par le symbiote Knull, le dieu noir. Soutenu par les Avengers, Dylan a courageusement tenté de se servir de ses pouvoirs. Mais il n'a pu vaincre Knull qu'avec le soutien de la Force Enigma de son père. Eddie a ensuite purifié Dylan de toute la matière sombre en lui.

CARTE D'IDENTITÉ

VRAI NOM : Dylan Brock
PROFESSION : Étudiant
BASE : New York
TAILLE : 1,42 m
POIDS : 34 kg **YEUX :** Bleus
CHEVEUX : Blonds
ORIGINE : Fils d'Anne Weying et d'Eddie Brock, il porte les caractéristiques génétiques du symbiote Venom.
POUVOIRS : Lorsqu'il est lié au symbiote Venom, Dylan possède super-résistance, vitesse, robustesse, agilité et endurance. Il peut changer de forme, communiquer par télépathie avec d'autres symbiotes, et détient les pouvoirs d'araignée.

FACULTÉS

PROJECTION D'ÉNERGIE	FORCE	RÉSISTANCE	APTITUDE AU COMBAT	INTELLIGENCE	RAPIDITÉ
1	4	4	2	2	3

VENOM 2099

En 2099, Venom a trouvé un hôte en Kron Stone, le fils du dirigeant d'Alchemax, Tyler Stone. Kron est le demi-frère de Miguel O'Hara (Spider-Man), et il le hait autant qu'il hait son père. Après avoir fusionné avec ce nouvel hôte, Venom a assassiné Dana, la petite amie d'O'Hara, avant d'être détruit par Spider-Man lors d'une attaque sonique. Des fragments du symbiote ont ensuite été transportés dans les laboratoires d'Alchemax.

Quand Alea Bell a été infectée par le symbiote, elle a utilisé son nouveau pouvoir pour se venger de sa harceleuse à l'école.

CARTE D'IDENTITÉ

VRAI NOM : Aucun
PROFESSION : Aucune
BASE : Mobile, Terre-928
TAILLE : Variable
POIDS : Variable
YEUX : Blancs/rouges
CHEVEUX : Aucun
ORIGINE : Symbiote extra-terrestre vivant dans les égouts de Nueva York en 2099 ; plus tard conservé en laboratoire à Alchemax.
POUVOIRS : Le symbiote possède force surhumaine, vitesse, agilité, robustesse et endurance. Il peut ramper sur les murs, changer de forme et sécréter un acide puissant.

Contrairement au symbiote du passé, la version 2099 de Venom dispose de sécrétions acides assez puissantes pour brûler le costume de Spider-Man.

Quand Kron Stone était l'hôte de Venom, le symbiote arborait des yeux rouges sur un masque blanc.

NOUVEL HÔTE, NOUVEAU DÉPART
Lorsqu'un de ses fragments a été retiré des laboratoires d'Alchemax, Venom en a profité pour se lier à une adolescente blessée, Alea Bell, qu'il a guérie. Le symbiote l'a ensuite obligée à libérer le reste de ses morceaux. Une fois reconstitué, Venom a accepté d'agir avec la jeune fille pour l'aider à protéger les autres.

FACULTÉS

PROJECTION D'ÉNERGIE	FORCE	RÉSISTANCE	APTITUDE AU COMBAT	INTELLIGENCE	RAPIDITÉ
1	4	4	2	2	3

VERMIN (VERMINE)

Lorsqu'il agit selon son instinct animal, il considère les intrus comme des ennemis et les attaque sans pitié.

Suite à l'expérience d'un savant fou, Edward Whelan a désormais de la fourrure, des griffes et un odorat surdéveloppé. Il est devenu Vermine, le super-vilain à face de rat, qui se terre dans les égouts de New York et se nourrit de ses victimes. Malgré ses crimes, il souhaite désespérément guérir de cette malédiction.

INSTINCT ANIMAL
Quand Ana, la fille de Kraven le Chasseur, a attiré Spider-Man dans les égouts, Vermine a tenté de chasser ces intrus. Même s'il cherche à rester discret, sa voracité le pousse à rôder en ville pour y trouver de la chair fraîche.

CARTE D'IDENTITÉ

VRAI NOM : Edward Whelan
PROFESSION : Ancien salarié de l'institut Ravencroft
BASE : Mobile
TAILLE : 1,83 m
POIDS : 99,79 kg
YEUX : Rouges
CHEVEUX : Bruns
ORIGINE : Mutant humain ; soumis à des expériences génétiques par Arnim Zola.
POUVOIRS : Les pouvoirs de Vermine sont proportionnels à ceux d'un rat de taille humaine. Il communique avec ces rongeurs et peut les contraindre à agir selon sa volonté.

FACULTÉS

PROJECTION D'ÉNERGIE	FORCE	RÉSISTANCE	APTITUDE AU COMBAT	INTELLIGENCE	RAPIDITÉ
1	4	3	2	1	3

V VINCENT GONZALES

Le jeune officier de police Vin Gonzales était le colocataire de Peter Parker et son rival pour gagner l'amour de la médecin légiste Carlie Cooper. Sur ordre de sa direction, Vin a placé des traceurs d'araignée sur différents cadavres afin de piéger Spider-Man. Après avoir été découvert et traduit en justice, il a travaillé pour Norman Osborn.

Colocataire de Peter Parker, Vin Gonzales a vite compris que sa destinée était liée à celle de Spider-Man. Son implication dans une machination pour éliminer le Tisseur s'est retournée contre lui.

CARTE D'IDENTITÉ

VRAI NOM : Vincent « Vin » Gonzales
PROFESSION : Criminel ; prisonnier ; ancien policier
BASE : New York
TAILLE : 1,78 m
POIDS : 82,55 kg
YEUX : Marron
CHEVEUX : Noirs
ORIGINE : Humain
POUVOIRS : Officier de police, Vin Gonzales est en bonne forme physique. Il maîtrise l'usage des armes à feu et le combat rapproché.

Vin arbore un tatouage du Bouffon Vert sur son avant-bras.

C'est un lecteur assidu des éditoriaux anti-Spidey de J. Jonah Jameson.

JUSTICE RENDUE
Vin a fini par avouer son implication dans la conspiration montée contre Spidey. Pour prouver sa bonne foi, il a témoigné contre ses complices au sein de la police, afin d'obtenir une réduction de peine en échange de sa coopération.

FACULTÉS

PROJECTION D'ÉNERGIE	FORCE	RÉSISTANCE	APTITUDE AU COMBAT	INTELLIGENCE	RAPIDITÉ
1	2	2	2	2	2

VULTURE (LE VAUTOUR)

Le Vautour pénètre souvent dans les immeubles en brisant une fenêtre et en se protégeant des morceaux de verre avec ses ailes.

Équipé d'un harnais de vol de son invention, Adrian Toomes est devenu le Vautour. C'est l'un des premiers criminels que Spider-Man a affrontés. Son âge avancé ne freine en rien sa haine du Tisseur. Il a souvent fait partie des Sinister Six.

PAS DE REMPLAÇANT
Rien n'énerve plus Adrian Toomes que les imposteurs qui tentent de s'approprier l'identité du Vautour. Malgré son âge, il reste le meilleur d'entre eux. Il s'en prend à tous ceux qui voudraient profiter de sa renommée.

CARTE D'IDENTITÉ

VRAI NOM : Adrian Toomes
PROFESSION : Criminel professionnel ; ancien ingénieur en électronique ; inventeur
BASE : New York
TAILLE : 1,80 m
POIDS : 79,38 kg
YEUX : Noisette
CHEVEUX : Aucun
ORIGINE : Humain
POUVOIRS : Adrian utilise son harnais électromagnétique pour voler et peut découper ses ennemis avec ses plumes tranchantes. Le harnais lui confère aussi une force accrue.

FACULTÉS

PROJECTION D'ÉNERGIE	FORCE	RÉSISTANCE	APTITUDE AU COMBAT	INTELLIGENCE	RAPIDITÉ
1	3	5	2	5	3

WHIRLWIND

Dave Cannon est un mutant né avec les facultés de bouger et de tourner à toute vitesse. Brute-née, il a utilisé ses pouvoirs dès son plus jeune âge pour exercer vols et chantages. Patineur sur glace le jour, il a entamé à l'âge adulte une carrière de super-vilain. Il s'est d'abord fait appeler la Toupie Humaine, puis il a pris le nom de Whirlwind. Il s'est parfois associé au Piégeur pour affronter Spider-Man.

Lorsqu'il combat Whirlwind, Spidey doit veiller à protéger les passants qui pourraient être blessés par les débris.

CARTE D'IDENTITÉ
VRAI NOM : David Cannon
PROFESSION : Criminel professionnel ; ancien artiste de cirque
BASE : New York
TAILLE : 1,85 m
POIDS : 99,79 kg
YEUX : Bleus
CHEVEUX : Bruns
ORIGINE : Mutant
POUVOIRS : Lorsque Whirlwind se met à tournoyer, il génère de puissantes rafales de vent ou lacère ses ennemis avec ses lance-lames de poignet.

Il peut tourner à 1 600 tours par minute.

CHANGEMENT DE NOM
Lors d'un affrontement dans le bâtiment du *Daily Bugle*, Spider-Man a traité la Toupie Humaine de « *whirlwind* » (« cyclone » en anglais), tant le vilain provoquait de dégâts. Ce dernier a apprécié le terme et a pris ce nom pour se forger sa nouvelle identité.

FACULTÉS

PROJECTION D'ÉNERGIE	FORCE	RÉSISTANCE	APTITUDE AU COMBAT	INTELLIGENCE	RAPIDITÉ
4	4	3	3	2	3

Les crimes du Lapin Blanc suivent leur propre logique, aussi est-il difficile de pouvoir prédire ses actes.

WHITE RABBIT
(LE LAPIN BLANC)

W

Lorina Dodson est très excentrique, et elle n'a pas peur d'en faire des tonnes ! Obsédée par le livre *Alice au pays des merveilles*, elle a débuté sa carrière criminelle sous l'identité du Lapin Blanc. Spider-Man sait qu'elle est une adversaire imprévisible : on l'a déjà vue chevaucher un lapin mécanique géant !

EXPANSION DU GANG DES MERVEILLES
Le Lapin Blanc cherche toujours de nouvelles recrues qui correspondent à son œuvre fétiche. Elle a ainsi proposé au Morse de rejoindre son gang. Mais leurs méfaits ont été interrompus par l'arrivée de Spidey, de l'Homme-Grenouille et de son fils, Frog-Man.

CARTE D'IDENTITÉ
VRAI NOM : Lorina Dodson
PROFESSION : Criminelle professionnelle
BASE : New York
TAILLE : 1,70 m
POIDS : 58,97 kg
YEUX : Bleus
CHEVEUX : Blond vénitien
ORIGINE : Humaine
POUVOIRS : Bien que sans super-pouvoirs, Lapin Blanc est une inventrice douée en ingénierie, robotique et explosifs. Même si ses armes ont souvent l'air ridicules, elles n'en sont pas moins mortelles.

FACULTÉS

PROJECTION D'ÉNERGIE	FORCE	RÉSISTANCE	APTITUDE AU COMBAT	INTELLIGENCE	RAPIDITÉ
1	2	2	3	2	2

W

WILL O' THE WISP
(FEU FOLLET)

Alors qu'il explorait les limites du spectre électromagnétique, Jackson Arvad a été victime d'un accident irrémédiable qui a détruit le lien naturel qui unissait les molécules de son corps. Devenu Feu Follet, il a attaqué Spider-Man sur ordre du maléfique Jonas Harrow.

Feu Follet peut se déplacer si vite qu'on ne voit apparaître qu'un trait de lumière, rendant sa capture difficile.

CARTE D'IDENTITÉ

VRAI NOM : Jackson Arvad
PROFESSION : Ancien scientifique
BASE : Mobile
TAILLE : 1,85 m
POIDS : 88,45 kg
YEUX : Blancs
CHEVEUX : Blonds
ORIGINE : Mutant humain ; exposé à un champ électro-magnétique intense lors d'un accident de laboratoire.
POUVOIRS : Jackson peut contrôler la composition de son corps, lui donnant les facultés de vitesse, l'intangibilité et la projection lumineuse.

En contrôlant ses molécules, Feu Follet émet une lumière hypnotique qui lui permet de soumettre les individus.

Lorsqu'il maîtrise sa densité, Feu Follet peut acquérir une force surhumaine.

TROUVER SA VOIE
Jackson a fini par se rebeller contre son patron, Jonas Harrow, et a décidé d'opérer seul. Silver Sable a su déceler le potentiel de Feu Follet. Elle lui a offert une place dans son équipe de super-vilains repentis, les Outlaws. Feu Follet a ainsi combattu aux côtés de Spider-Man.

FACULTÉS

PROJECTION D'ÉNERGIE	FORCE	RÉSISTANCE	APTITUDE AU COMBAT	INTELLIGENCE	RAPIDITÉ
3	4	6	2	3	3

WOLVERINE

Lors de leurs missions communes, Spider-Man et Wolverine ont su apprécier leurs méthodes différentes pour combattre le crime.

James Howlett, le Wolverine des X-Men, est un ami sur lequel Spider-Man peut compter. Né avec le pouvoir mutant de se régénérer, il a subi des améliorations réalisées par le programme top secret de l'Arme X. Son squelette et ses griffes rétractables sont désormais recouverts de métal. C'est l'un des coéquipiers de Spidey au sein des Nouveaux Avengers.

UN DUO DE CHOC
La personnalité bourrue de Wolverine semble s'opposer à l'attitude désinvolte de Spidey, mais ils forment un duo de choc. Lorsqu'ils étaient dans les Nouveaux Avengers, Wolverine s'est lié d'amitié avec Tante May et Mary Jane Watson.

CARTE D'IDENTITÉ

VRAI NOM : James Howlett
PROFESSION : Aventurier
BASE : Krakoa, océan Pacifique
TAILLE : 1,60 m
POIDS : 136,08 kg
YEUX : Bleus
CHEVEUX : Noirs
ORIGINE : Mutant renforcé à l'adamantium.
POUVOIRS : Wolverine possède une capacité de cicatrisation et des sens très développés. Son squelette a été consolidé avec de l'adamantium. De ses poings, il peut faire jaillir des griffes tranchantes comme des rasoirs.

FACULTÉS

PROJECTION D'ÉNERGIE	FORCE	RÉSISTANCE	APTITUDE AU COMBAT	INTELLIGENCE	RAPIDITÉ
1	4	4	7	2	2

W WRAITH (SPECTRE)

Yuri Watanabe est une capitaine respectée de la police de New York, mais elle se sent de plus en plus frustrée par les limites de l'application officielle de la loi. Aussi adopte-t-elle l'identité de Spectre pour arrêter plus facilement les criminels de la ville. Spectre est un nom destiné à terrifier les malfaiteurs, un fantôme vengeur qui se montre au grand jour, et qui n'est pas tenu aux mêmes règles que les policiers.

Spectre porte un masque, se faisant passer pour une policière assassinée, Jean DeWolff, et pour faire croire qu'elle est un être surnaturel.

CARTE D'IDENTITÉ

VRAI NOM : Yuri Watanabe
PROFESSION : Policière au NYPD ; vigile
BASE : New York
TAILLE : 1,70 m
POIDS : 52 kg
YEUX : Marron
CHEVEUX : Noirs
ORIGINE : Humaine
POUVOIRS : Yuri utilise des équipements ayant appartenu à des super-vilains pour les confondre et les terrifier.

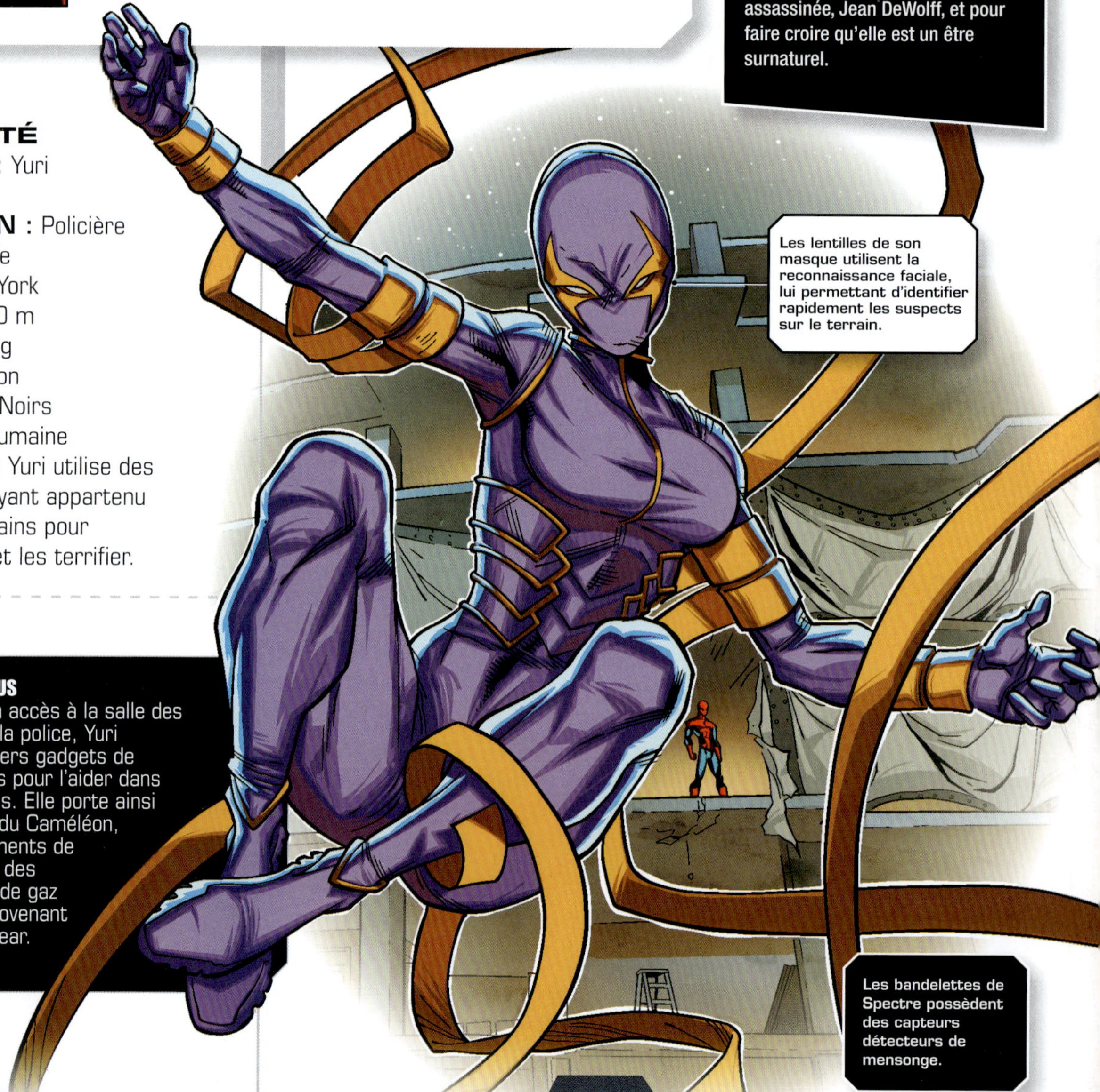

Les lentilles de son masque utilisent la reconnaissance faciale, lui permettant d'identifier rapidement les suspects sur le terrain.

OBJETS PERDUS
Grâce à son accès à la salle des preuves de la police, Yuri subtilise divers gadgets de super-vilains pour l'aider dans ses missions. Elle porte ainsi un masque du Caméléon, des équipements de Mysterio et des cartouches de gaz terrifiant provenant de Mister Fear.

Les bandelettes de Spectre possèdent des capteurs détecteurs de mensonge.

FACULTÉS

PROJECTION D'ÉNERGIE	FORCE	RÉSISTANCE	APTITUDE AU COMBAT	INTELLIGENCE	RAPIDITÉ
1	2	2	3	2	2

WRECKING CREW
(LES DÉMOLISSEURS)

W

Entrés en contact avec la magie asgardienne, quatre malfaiteurs ont acquis le pouvoir de tout réduire en miettes sur leur passage... et de compliquer la vie des héros comme Spider-Man ! Toujours en équipe, les membres des Démolisseurs sont perpétuellement en quête de leur prochain braquage.

MEMBRES CLÉS

1. Bulldozer : avec sa force, sa vitesse et son endurance surhumaines, il peut briser les murs en les percutant.

2. Le Démolisseur : extraordinairement fort, il arbore un indestructible pied-de-biche, qui est aussi la source du pouvoir du gang.

3. Le Boulet : brillant scientifique, il possède une puissance inouïe. Il utilise un boulet de démolition au bout d'une chaîne.

4. Le Compresseur : n'est armé que de ses poings, mais sa puissance extrême est pratiquement à l'épreuve des balles.

Le Démolisseur a donné son nom à son gang.

POUVOIRS MAGIQUES
Les Démolisseurs ont souvent affronté Spider-Man et Spider-Woman, mais leur plus grand ennemi est Thor, le dieu asgardien du tonnerre. Comme leurs pouvoirs sont basés sur la magie, la force des Démolisseurs dépend de l'intensité du flux d'énergie mystique entre le royaume d'Asgard et la Terre.

Senior Editor David Fentiman
Project Art Editor Stefan Georgiou
Senior Production Editor Jennifer Murray
Senior Production Controller Mary Slater
Managing Editor Emma Grange
Design Manager Vicky Short
Publishing Director Mark Searle

Designed for DK by Ray Bryant

Publié en 2022
Première publication en Grande-Bretagne en 2014 par
Dorling Kindersley Limited
DK, One Embassy Gardens, 8 Viaduct Gardens,
London SW11 7BW

The authorised representative in the EEA is
Dorling Kindersley Verlag GmbH. Arnulfstr. 124,
80636 Munich, Germany

10 9 8 7 6 5 4 3 2 1
001-332244-Nov/2022

Pour les Esprits Curieux
www.dk.com

Directeur : Timothée Le Mière ; Responsable éditoriale : Adélaïde Lebuy ;
Responsable artistique : Mélissande Mestas ; Édition : Antonine Appriou ;
Fabrication : Marine Wiplier ; Traduction : Emmanuelle Caussé ;
Suivi éditorial : Stéphanie Go ; Mise en page : Émilie Laudrin ;
Relecture : Catherine Rigal

Importée par Hachette Livre : 58, rue Jean Bleuzen – 92178 Vanves Cedex
Imprimé par LPP en Chine
Achevé d'imprimer : août 2023
ISBN : 978-2-01-721733-6 – Édition : 01 – Dépôt légal : août 2023
Loi n°49-956 du 16 juillet 1949 sur les publications destinées
à la jeunesse.

Pour tout renseignement concernant nos parutions,
nous contacter par e-mail : disney@hachette-livre.fr